오르는 부동산의 법칙

TIMING · LOCATION · POLICY

오르는 부동산의 법칙

문재인 · 트럼프 시대
폭등하는 부동산

조현철 지음

매일경제신문사

머리말

서른, 부동산에 뛰어들다

외환위기 이후 부동산시장이 슬슬 꿈틀거리기 시작했던 2004년. 당시 난 몇 년 간의 직장생활과 더불어 조금씩 하던 주식투자 등으로 어느 정도 종잣돈을 모은 상황이었고, 그 나이 또래 직장인들과 같은 고민을 하고 있었다.

"집을 살까?"

고민의 이유는 단 하나였다. '집값이 거품이라는데 지금 사는 것이 맞는 걸까?' 속칭 'IMF'라고 불리던 외환위기가 진정되면서 집값이 들썩이고 있었다. 언론에는 연일 서울, 특히 강남 집값이 거품이라는 기사가 나오고 있었다. 경제 전문가들이 도표와 그래프를 들고 나와 왜 한국이 부동산 공화국인지, 왜 지금의 집값이 거품이고 곧 꺼질 것인지 나름의 논리로 설명하고 있었다. "2004년이 정점이고 이제 곧 폭락이 시작된다"고 말이다.

한 가지 의아한 생각이 들었다. 그런 말들을 지금껏 너무 들어와서 이제는 지겨울 정도로 귀에 익었기 때문이었다. 1980년대부터 언론에서는 늘 "강남 집값이 비싸다", "거품이 곧 꺼질 것이다"라는 말들이 넘쳐났다. 몇 년도 아니고 몇십 년째 같은 말을 반복하는 신문기사와 경제 전문가들을 보며 '남의 말을 듣기보다는 내 손으로 직접 확인해봐야겠다'는 생각이 들었다. 강남 집값이 거품인지 아닌지 말이다.

우선 1980년대 강남 집값을 찾아보기로 했다. 아무리 뒤져도 믿을 만한 소스가 없었다. 부동산 사이트에서도 1980년대까지 거슬러 올라가는 시세정보는 제공하고 있지 않았다. KB국민은행이나 한국감정원 등도 마찬가지였다. 예전 가격을 알아야 지금 가격이 거품인지 알 것 아닌가?

다행히 1980년대 실거래가를 확인할 수 있었다. 바로 우리 집을 사고 판 가격이다. 1984년 내 부모님은 압구정동 현대아파트 52평을 매각하고, 당시 막 개발이 시작된 개포지구의 현대아파트 59평을 매입하셨다. 대부분의 사람들에게 집을 사고 파는 것은 일생에 몇 번 안 되는 큰 이벤트다. 때문에 부모님은 당시 매매가격을 정확히 기억하고 계셨다. 1984년 압구정동 현대아파트 6차 52평 9층 가격은 1억 2,000만 원이었다.

이제 과거 데이터는 확보했다. 개포동은 몰라도 압구정동 현대아파트라면 '강남 아파트'로서 대표성이 충분히 있지 않은가? 2004년 압구정동 현대아파트 52평 가격은 당시에도 인터넷만 쳐보면 얼마든지 찾을 수 있었다. 11억 원이었다. 20년 동안 약 9배 정도 오른 것이었다.

이게 많이 오른 것인가? 아닌가? 다시 아리송해졌다. 분명 오른 것은 맞고 20년 만에 가격이 9배로 뛰었다면 많이 오른 것 같기도 하다. 하지만 그냥 느낌 만으로 많이 올랐네 거품이네 할 수는 없었다.

금융투자 분야에서 이런 경우 벤치마크 인덱스Benchmark Index라는 것을 활용한다. 쉽게 말해 2000년에 100만 원을 펀드에 투자했는데 2017년 현재 500만 원이 되어 있다고 하자. 이 펀드가 잘 운영된 것인지, 2000년에 산 주식이 많이 오른 것인지를 객관적으로 입증하기 위해선 기준이 필요하다. 주식시장에서는 코스피KOSPI가 이 벤치마크 인덱스 역할을 한다. 코스피가 20% 오른 동안 내 펀드는 30% 올랐을 경우 수익률이 훌륭한 것이다. 반면 내 펀드가 50% 올랐어도 같은 기간 코스피가 100% 올랐다면 형편없는 수익률이라고 할 수 있다.

집값에도 이런 벤치마크 인덱스가 필요했다. 코스피 같은 기준 인덱스가 없는 자산시장에서 가장 보편적인 벤치마크 인덱스로 쓸 수 있는 것이 은행금리다. 쉽게 말해 안전하게 은행에 넣어둔 것보다 원금이 더 불어 있었냐 아니냐를 따지는 것이다. 1984년부터 2004년까지 압구정동 현대아파트 수익률이 같은 기간의 은행 금리보다 높은지 낮은지를 보면 이게 거품인지 아닌지 판단할 수 있을 것이다.

먼저 1984년부터의 금리 데이터를 찾았다. 한국은행 통계사이트에 가보면 경제 및 금융 관련된 모든 지표가 일목요연하게 정리되어 있다. 하지만 1990년대 이후부터의 데이터뿐이었다. 1980년대 데이터는 예금금리가 아닌 5년 만기 국민주택채권 1종과 AA−등급의 회사채 수익률만

1987년부터 제공되고 있다.

아쉽긴 했지만 이 정도로도 충분히 분석이 가능했다. 회사채는 몰라도 국민주택채권은 정부에서 원리금 상환을 보증하는 채권이니 예금자 보호법에 따라 5,000만 원까지만 보장되는 은행 예금에 비해 오히려 더 안전한 투자처다. 또한 국민주택채권은 집을 살 때 의무적으로 매입하는 일종의 준조세이기에 그 수익률이 시장 금리보다 조금 낮다고 보면 된다. AA−등급의 우량회사채에 투자하는 것은 시각에 따라 조금 다를 순 있지만 아파트에 투자하는 것보다는 조금 더 프리미엄이 요구된다. 즉 아파트보다는 수익률이 높아야 할 것 같았다.

그러니 1984년부터 2004년까지 20년 동안 압구정동 현대아파트의 수익률이 같은 기간 동안의 국민주택채권 1종과 AA−등급 회사채 수익률 중간 어디쯤에만 있으면 거품은 아닌 것이다. 만약 AA−등급 회사채 수익률을 훨씬 뛰어넘는 수익률을 보인다면 이는 거품이라고 보아도 무방할 것이다. 편의상 1984년부터 1986년까지의 3년간 데이터는 1987년 데이터로 갈음했다. 당시 시대상황이나 경제흐름을 볼 때 실제 데이터를 구해와도 결과는 대동소이할 것이다.

결과가 어땠을까?

모든 거래비용과 보유세 등은 논외로 하자. 자산 가격의 큰 흐름만을 따져보았다. 1984년에 1억 2,000만 원이었던 압구정동 현대아파트 52평은 2004년에 11억 원이 되었다. 5년 만기 국민주택채권 1종을 구입해 만기 시마다 재투자를 한 경우 2004년 10억 8,000만 원이 되었다. AA−

등급 회사채에 투자해 역시 만기 시마다 재투자를 한 경우는 2004년에 12.9억 원이 되었다.

놀랍지 않은가? 압구정동 현대아파트 수익률은 정말 딱 이 두 벤치마크 인덱스의 중간 어디쯤엔가에 떨어졌다. 오히려 시장수익률보다 낮은 국민주택채권에 투자한 것과 그 결과가 비슷했다. 그러니 '강남 아파트가 거품이고 곧 거품이 붕괴될 것이라는 말은 틀렸다'라고 결론지었다.

물론 아파트의 경우 주거가치가 있으니 금융상품과 단순 비교할 순 없다. 만약 압구정동 현대아파트에 월세를 놓아 이를 20년 동안 꼬박꼬박 연복리로 정기예금에 넣었다고 가정하면 엄청난 수익률을 보일 것이다. 하지만 조사의 목적은 '당시 강남 아파트값이 1980년대에 비해 정말로 폭등한 것인가'를 알아보기 위한 것이었다. 이를 통해 '시장 금리에 비해 별로 오른 것도 없다'는 결론을 얻을 수 있었다.

이런 결론을 내리게 되자 마음 놓고 부동산 투자에 들어갈 수 있었다. 약 1년에 가까운 조사와 답사 끝에 2004년 말 송파구의 재건축 아파트를 구입하며, 부동산 투자에 본격적으로 발을 들여놓게 되었다.

그런데 앞서 말한 세 가지 투자, 즉 압구정동 현대아파트 52평과 국민주택채권 1종, AA-등급의 회사채를 2017년 현재까지 계속 보유(만기 시 재투자)해 왔다면 결과가 어땠을지 궁금하지 않은가? 이 책을 쓰면서 다시 계산해보았다. 국민주택채권과 회사채 관련 데이터는 한국은행 경제통계시스템과 국가통계포털 KOSIS에 모두 나와 있다.

세 가지 투자, 2017년 기준으로 분석해보면?

(단위: 원)

자산	1984	2004	2017	연평균 수익률
압구정동 현대아파트 52평	1.2억	11억	23억 (9층, 국토부 실거래가)	10.30%
국민주택채권 1종	1.2억	10.8억	17.6억	9.40%
AA-등급 회사채	1.2억	12.9억	21.7억	10.10%

이 표를 보면 압구정동 현대아파트가 이제는 약간 고평가 구간에 접어든 것 같기도 하다. 1980년대와 1990년대까지는 한강변의 인기가 지금처럼 높지 않았다는 점을 감안해서 각자 해석이 필요한 시점이라고 생각된다.

CONTENTS

Part
3

정책 (Policy):
정책의 파도만 잘 타도 고수익 가능하다

Part
4

한국 부동산 어떻게 흘러갈 것인가

오 르 는 부 동 산 의 법 칙

서문

부동산 폭등의 조짐,
어떻게 대응해야 하나

문재인 시대 부동산, 과거에서 힌트를 찾다

지금부터 과거 참여정부의 부동산 정책에 대한 얘기를 하게 될 것이다. 여전히 당시 정부를 지지하는 사람들은 이런 이야기가 마치 해당 정권의 정책을, 나아가서는 지금은 고인이 된 당시 대통령을 비판하는 것으로 들릴 수도 있을 것이다. 난 한 시민으로서 당시 정권의 정책이나 방향에 대해 개인적인 의견은 분명하게 가지고 있다. 나의 개인적인 이해에 맞는 정책을 선호할 수도 있지만 다수의 복지에 보탬이 되는 정책을 성원하기도 한다.

고등학생 시절 나는 마르크스나 크로포트킨, 바쿠닌 등의 이름이 멋있어 보여 헌책방을 돌며 (결국 완전히 이해는 못했지만) 마르크시즘이나 아나키즘 서적을 사 모으기도 했고, 대학생 때는 전대협이 막을 내리고 한총련이 출범하는 역사적인 날 고려대 노천광장에서 날밤을 새기도 했었다. 미국에서 MBA를 마친 후엔 기업지배구조를 연구하는 박사과정을 심각하게 고려하기도 했다. 지금도 크게 달라진 것은 없지만, 당시 한국 기업이 경쟁력을 갖는 데 지배구조가 가장 큰 걸림돌이라는 것이 내 눈에 보였다. 그래서 '기업지배구조를 연구해 한국 경제가 다음 단계로 나아가는 발판으로서 인생의 의의를 찾을 수 있지 않을까' 생각하게 된 것이다.

하지만 이제는 '내가 세상을 바꾸어 보겠다'보다는 '세상에 적응해 주어진 환경 안에서 최선을 다하겠다'는 인생 단계에 접어든 듯하다. 정치가가 아닌 개인투자자에 불과한 사람에게 정부 정책은 비판하고 바꾸어야 할 대상이 아니라 주어진 환경에 불과하다. 주어진 환경을 이해하고 분석해 이를 활용할 방안을 찾는 것뿐이다. 이러한 맥락에서 이미 과거가 되어버린 특정 정권의 부동산 정책을 굳이 되짚는 이유는 크게 세 가지다.

첫 번째는 참여정부의 부동산 정책에 극단적인 요소가 많아 그 파급효과가 매우 드라마틱했기 때문이다. 경제 전체에 미칠 영향을 우려해 비교적 조심스러운 부동산 정책을 운용했던 다른 정권에 비해 참여정부의 부동산 정책은 일부 급진적이고 과감한 측면이 있었다. 이는 특정 정책과 그 장단기 영향을 가늠해 보는 데 가시적인 사례가 될 것이다.

두 번째 이유는 19대 대선을 통해 정권을 잡은 집권 세력이 참여정부를 계승한 정부라는 점이다. 이미 문재인 대통령은 대선 공약 등을 통해 참여정부의 부동산 정책을 상당 부분 계승할 것이라는 점을 분명히 했다. 명시적으로 "참여정부의 정책을 계승하겠다"는 말을 한 건 아니지만, 그 내용을 보면 참여정부의 부동산 정책이 그대로 담겨 있다. 그 정책을 만든 사람들이 바로 참여정부 시절 사람들이기 때문이다. 지금 이 시점에서 참여정부의 부동산 정책을 되새기고 그 영향을 상기해 보는 것이 투자 의사결정에 반드시 필요한 이유이다.

세 번째 이유는 아이러니하게도 내가 참여정부의 부동산 정책을 통해 큰 수혜를 입었기 때문이다. 파트 3 정책 편에서 '미국은 세금을 비롯한 부동산 정책이 일관적인 반면, 한국의 그것은 세금뿐만 아니라 공급 정책 측면에서도 부동산시장 상황에 따라 오락가락한다'고 보았다. 이것이 꼭 '미국 정책은 바람직하고 한국은 안 좋은 정책'이라고 비판하는 것은 아니다. 부동산 정책의 목적이 다르기 때문이다.

당연한 얘기겠지만 정책이 일관적일 때보다 오락가락할 때 초과수익을 올릴 수 있는 기회가 존재한다. 정책이 일관적일 때는 미래가 비교적 예측가능하고 개인별로 그 판단결과가 크지 않을 수 있다. 하지만 정책이 오락가락 조석변개할 경우 누가 더 그 흐름을 잘 예측했느냐에 따라 희비가 엇갈리게 된다. 물론 그 반대의 경우도 얼마든지 일어날 수 있다.

마침 의욕적으로 부동산 투자에 뛰어들었던 시기가 참여정부 시절이었고, 이로 인해 비교적 큰 수익을 얻을 수 있었다. 아마 부동산 공부를 하러 두 번째 유학길에 올랐을 때 미국에 눌러앉아 미국 부동산시장에 투자했다면 그만한 수익을 올리지 못했을 수도 있다. 안정적인 사회일수록 초과 수익의 기회는 적기 마련이다.

물론 한국에서 높은 수익을 올린 건 운이 좋아서이기도 하다. 얼마든지 그 반대 결과가 나올 수도 있었다. 운칠기삼이라는 말처럼 아무리 공부를 많이 하고 분석을 철저히 해도 최종 결정의 순간, 운명의 여신이 잠시만 한 눈을 팔았어도 전혀 다른 인생 항로가 펼쳐졌을 것이다.

문재인 정부 부동산 정책 어떻게 흘러갈까

그렇다면 왜 이 책의 부제를 '문재인·트럼프 시대 폭등하는 부동산'이라고 달았을까? 새 정부에 쏠린 관심을 이용해 책 좀 팔아보려는 얄팍한 속셈은 아니라고 미리 밝혀둔다. 집값이 정상적인 범위보다 크게 오르는 데는 두 가지 이유가 있다. '공급 부족'과 '과잉유동성'이다. 1970년대의 1차 집값 폭등은 도시확산을 주택공급이 못 따라가서 생긴 공급 부족, 1980년대 후반의 2차 집값 폭등은 3저(3低, 저달러·저유가·저금리) 호황에 따른 과잉유동성이 원인이었다. 공급 부족과 과잉유동성, 이 둘 중 하나만 심화되어도 집값이 오른다. 그럼 이 두 가지가 동시에 벌어진다면 어떻게 될까?

문재인 정부의 정책을 따라가면 공급 부족, 미국 트럼프 정부의 정책을 따라가면 이미 존재하는 과잉유동성의 미해소로 귀결된다.

먼저 문재인 정부의 정책을 따라가 보자. 참여정부는 노태우 정부 시절 도입했다가 위헌 판결을 받고 유명무실해졌던 '토지공개념(토지의 소유와 처분을 공공의 이익을 위해 적절히 제한)'에 기반한 부동산 억제정책을 폈던 바 있다. 문재인 정부는 이러한 정책 상당 부분을 답습할 것으로 보인다. 실제 김수현 사회수석 등 참여정부의 부동산 정책에서 핵심적인 역할을 했던 인물들이 문재인 정부에서도 같은 역할을 맡고 있다.

재건축 규제와 도시재생, 임대주택 공급 확대 등이 정책의 주요골자다. 이미 재건축 초과이익환수제 부활이 확실해졌고, 조합원 지위 양도 금지, 임대주택 의무비율 강화 등 재건축을 옥죌 정책 수단은 무궁무진하다. 새 정부 들어서자마자 공론화되고 있는 후분양제도 실은 재건축이 타깃이다. 금융비용이 늘게 되어 재건축 수익성이 악화되는 것이다.

물론 강남권을 비롯한 대부분의 서울 재건축 단지들은 이 규제를 고스란히 맞지 않고 다음 정권을 기약하며 연기할 것이다. 그리고 이는 결국 강남을 비롯한 서울시 주요 지역의 공급감소로 이어지게 된다.

도시재생도 마찬가지다. 이명박 당시 서울시장 시절부터 추진해온 재개발 방식인 뉴타운은 한 구역 전체를 아파트 단지로 새로 짓는 방식이다. 반면 도시재생 정책의 원조 격인 박원순 서울시장의 '가로주택 정비사업' 핵심은 기존 주택을 최대한 존치하고 주변 환경을 개선하는 것이다. 도시재생 정책은 약 50조 원을 들여 서울시의 가로주택 정비사업을 전국 단위로 확대·추진하는 것이다. 역시 주변 환경 개선에 더해 리모델링비 지원 등으로 기존 주택은 최대한 보존하게 된다.

뉴타운과 도시재생, 이 두 정책의 근본적인 차이는 신규 공급물량의 유무다. 뉴타운의 경우 기존 용적률 100~200% 사이로 빼곡하게 들어선 다세대 및 단독주택을 부수고 250~300% 용적률로 아파트를 짓게 된다. 엄청난 수의 새 아파트가 공급되는 것이다. 반면 도시재생 사업의 골자는 앞서 언급했듯 기존 주택 개량과 주변 환경 정비다. 신규공급 물량이 거의 없고 얼마 안 되는 신규 물량은 대부분 공공임대 형식으로 공급된다.

꼭 공급이 줄면 가격이 오르고 공급이 늘면 가격이 내릴까? 경기나 금리 같은 다른 변수가 더 중요하지 않을까? 여기에는 두 가지 과거 사례가 있다.

첫 번째는 뒤에서 상세히 다룰 노태우 정부의 주택 200만 호 건설 정책이다. 1980년대 후반 3저 호황에 따른 과잉 유동성으로 1년 사이 집값이 전국 평균 20% 이상 뛰자 당시로서는 엄청난 물량인 200만 호를 5년 만에 공급했다. 노태우 정부 5년 동안 70%가 올랐던 집값은 200만 호가 풀린 김영삼 정부 5년 간 단 2% 올랐다. 단군 이래 최대 호황이라던 1990년대 초중반, 집값만 홀로 침묵한 것이다.

두 번째는 참여정부의 서울, 특히 강남권 공급억제 정책이다. 2004년 무렵부터 다수의 경제전문가들이 주택시장 버블붕괴를 경고했다. 2000년 초반 급격한 금리 인하에 따른 자산가치 버블 문제가 대두되며 실제 2004년은 금리를 올리기 시작하던 시점이었다. 과거 급격한 금리 인하로 부동산 가격이 급등한 바 있으니 금리를 올리면 가격이 떨어지는 것은 당연해 보였다. 하지만 부동산시장, 특히 강남권은 2004년 잠시 주춤하다 상승세로 반전해 2007년까지 폭등을 거듭하다 결국 2008년 세계적인 금융위기가 오고 나서야 하락하기 시작했다.

▎서울시 주택 인허가 실적

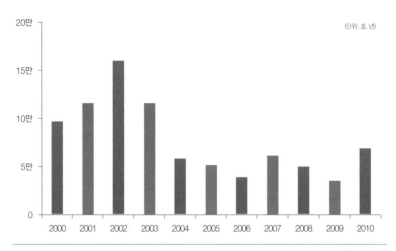

자료: 국토교통부

그 이유는 단 하나, 강남권 주택 공급 부족이었다. 참여정부는 2000
년대 초반 부동산이 급등하자 특히나 당시 핫이슈였던 재건축에 대한
규제를 강화하고 지방 혁신 도시 등을 개발해 공공기관을 이전시키는
방법으로 부동산 가격을 잡으려고 했다. 2002년에 비해 2004년의 서울
시 주택 인허가 실적은 반토막을 넘어 1/3 수준으로 떨어졌다. 결과는 서
울 부동산의 폭등으로 이어졌다. 서울에서 신규 아파트를 공급하는 방
법은 재건축이나 재개발이 유일한데 그 유일한 통로가 막히자 공급 부
족으로 폭등한 것이다.

문재인 정부 역시 참여정부와 마찬가지로 공급억제책을 예고하고 있
고 이 공급억제책은 서울시, 특히 강남권을 타깃으로 하고 있다. 강남권

에 새 아파트 공급을 최대한 억제하고 기존의 낡은 중소형 아파트나 다세대 주택을 존치시키거나, 신규 공급을 하더라도 임대주택 위주로 하려는 이유는 간단하다. 표심 때문이다.

2017년 현재 강남구와 서초구는 서울시에서 유이하게 보수 측이 구청장을 하는 지자체다. 세곡 보금자리 지구가 들어선 강남을에서 더불어민주당 전현희 의원이 당선된 사례를 보면 알 수 있듯 임대주택이 선거 결과에 끼치는 영향은 이미 검증되었다. 굳이 진보 성향의 주민을 내쫓고 그 자리를 보수 성향의 주민으로 채울 필요는 없는 것이다. 이 논점은 파트 3 정책 장에서 사례와 함께 상세히 다루도록 하겠다.

트럼프 정부 정책 역시 주목해야 한다

트럼프 정부의 정책은 크게 '인프라스트럭처 투자확대', '무역수지 적자 해소' 두 가지다.

사실 미국은 초강대국의 지위에 걸맞지 않게 도로, 공항, 정부시설 등 공공시설이 매우 낙후되어 있다. 세계경제포럼World Economic Forum의 조사에 따르면 미국 공공 인프라스트럭처의 수준은 스페인, 포르투갈보다 낮은 세계 16위 수준이고 2000년대 들어 공공 인프라스트럭처 투자금액은 매년 줄고 있다.

2016년 미국 대선에서 전통적인 민주당 지지 지역인 중서부 유권자들이 대거 트럼프를 지지한 이유도 여기에 있다. 민주당 정부는 실리콘밸리의 금전적 지원을 받아가며 IT 산업 진흥을 위한 정책은 쏟아냈지만, 정작 다수의 미국인들에게 필요한 공공 인프라스트럭처에 대한 투자를 계속 줄여나갔다. 실리콘밸리는 월스트리트가 있는 뉴욕보다 더 많은 정치자금을 민주당에 희사하며 정책 지원을 받아냈다. 반면 그럴 돈이 없는 중서부의 미국 중산층은 그 동안 지지해오던 민주당에 배반당했다는 느낌을 받았고, 트럼프가 이를 파고든 것이다.

트럼프는 미국 공공 인프라스트럭처에 1조 달러, 무려 1,000조 원을 투자하겠다고 공언한 바 있다. 1,000조 원이 다 정부 예산은 아니지만 이런 막대한 자금을 마련하려면 국채발행을 늘리는 수밖에 없다. 국채발행을 늘리면 물론 금리는 오른다. 하지만 국채를 발행하는 주체는 정부다. 미국도 한국처럼 대통령이 기준금리를 결정할 직접적인 권한은 없지만 2018년이 되면 트럼프 대통령이 새 연준(FRB, 미국 연방준비제도이사회) 의장을 선임하게 된다. 많은 금융기관들이 2018년 이후 미국 금리 동결을 예상하는 배경이기도 하다.

게다가 무역수지 적자 해소를 위해서는 달러 약세가 필요하다. 이미 트럼프 대통령 자신이 약달러를 원한다고 천명했다. 달러 약세를 위해서는 금리를 올릴 수가 없다. 오히려 내려야 할 판이다.

미국은 디플레이션을 막기 위해 오랜 기간 초저금리를 유지해왔고 그 덕분에 2016년부터 완연한 경제 회복세를 보이고 있다. 이럴 경우 금리를 '정상화'해서 인플레이션을 미연에 방지해야 한다. 하지만 트럼프가 추진하는 주요 정책 두 가지 모두 금리 인상이 아니라 금리 인하를 필요로 한다. 이런 상황에서 연준의 옐런 의장은 인플레이션을 막기 위해 본인의 의장 임기 내인 2017년에 서둘러 금리를 올리려는 것이다. 연준이나 한국은행 등 중앙은행 본연의 임무는 '물가안정'이다.

하지만 트럼프 정부는 이 두 가지 핵심정책을 추진하기 위해 어느 정도의 인플레이션은 용납할 용의가 있다. 더구나 트럼프 본인이 부동산 개발업자 출신 아닌가. 부동산은 인플레이션을 먹고 산다. 만약 힐러리 정부가 들어섰다면 정해진 수순대로 금리를 정상화하고 인플레이션을 방지했을 것이다. 무역적자 해소나 미국 내 공공 인프라스트럭처 투자는 힐러리의 최우선 관심사가 아니기 때문이다.

한국 역시 적어도 2017년 안에는 기준금리 인상이 없다. 한국은행이 최근에 작성한 통화신용정책 보고서에서 스스로 그렇게 암시했다. 한국 경제가 좋아지는 조짐은 보이지만 아직 미국처럼 경기회복을 확신할 수 없기 때문이다. 경기 회복에 대한 확신이 없는 상황에서 금리를 선제적으로 올렸다가는 디플레이션 늪에 다시 빠질 우려가 있다.

이미 2006년에 일본이 바로 이런 실수를 저질렀다. 잃어버린 10년을 극복했다고 자신하며 제로금리 정책을 폐지했다가 때마침 들이닥친 금융위기로 다시 깊은 디플레이션의 나락에 빠져들며 일본의 잃어버린 10년은 20년이 되어버렸다. 이는 각국 중앙은행들에 큰 교훈으로 남았고 지금 한국은행이 참고할 수밖에 없는 선례가 되었다. 게다가 미국이 무역수지 적자 해소를 위해 대미 무역흑자국들에 약달러를 강요하는 마당에 한국이 자진해서 금리를 인상해 원화 강세를 유도할 필요는 없는 것이다.

공급 부족과 과잉유동성, 이 두 가지가 이번 폭등장을 예상하는 근거다. 이것이 이 책의 부제에 '문재인'과 '트럼프'라는 이름을 쓴 이유다. 만약 홍준표 정부나 힐러리 정부가 들어섰다면 이 두 가지 요인은 방향성을 달리했을 것이다. 서울, 특히 강남권 공급은 늘고 금리는 완만히 상승해 과잉유동성도 해소되었을 것이다. 그러면 부동산 가격은 떨어지진 않더라도 급격히 오르진 않을 것이다.

부동산 투자, 이것부터 생각하자

입지, 입지 그리고 또 입지

난 재건축 아파트에 투자하여 작은 성공을 맛본 후 정식으로 부동산 공부를 하기 위해 미국으로 돌아갔다. MBA를 마치고 귀국한지 불과 4년 만의 일이었다. 플로리다대University of Florida의 부동산 석사과정MSRE, Master of Science in Real Estate에 입학했다. 첫 수업시간, 교수가 가벼운 질문을 던졌다. "부동산에서 가장 중요한 3가지가 뭐지?" 내가 미처 생각할 틈도 없이 외국 학생 3명을 제외한 미국 학생 전원이 한 목소리로 외쳤다.

"입지, 입지, 입지Location, Location, Location!"

그렇다. 부동산에서 가장 중요한 3가지는 입지, 입지, 그리고 또 입지다. 이것은 부동산 업계에서 상식으로 통한다. 그만큼 중요하다는 얘기다. 많은 사람들이 부동산을 구입할 때 여러 가지 요소를 다각적으로 고려하고 이런 말들을 한다. "지하철은 가까운데 아파트가 낡아서…" "위치는 좀 외졌는데 아파트는 참 잘지었더라고요…" "주변에 편의시설은 많은데 그래서 좀 시끄럽지는 않은지…"

물론 주거용 부동산과 상업용 부동산이 다르고 그 안에서도 중대형 아파트와 소형 빌라, 상업시설 입지와 오피스 입지가 다를 것이다. 하지만 사람들의 주 관심 영역이자 이 책에서 주로 다루려는 분야인 '수도권 아파트'에 한정해서 얘기하자면, 아파트를 구입할 때 사람들이 따지는 부분은 주로 위치(입지), 세대수, 연식, 브랜드, 평면, 평형 구성(중소형 위주 혹은 중대형 위주), 커뮤니티 시설 유무 등일 것이다.

이중 어느 것을 더 중요하게 고려하는가 하는 문제는 개인의 취향에 가깝다고 볼 수 있다. 자식이 장성했고 조용한 삶을 원하는 노부부의 경우 어린 아이들이 많은 중소형 세대 위주의 단지보다 중대형 위주의 단지를 선호할 것이다. 물론 젊은 부부는 반대일 것이다. 단지 내에서 보내는 시간이 많은 전업주부나 은퇴 세대의 경우 단지 내 커뮤니티 시설에 시선이 갈 수도 있다. 반면 아침에 눈떠 출근하고 저녁에 퇴근하며 회사 피트니스 센터에서 운동과 샤워를 모두 해결하는 회사원은 커뮤니티 시설에 큰 관심이 없을 것이다.

이렇게 같은 아파트를 두고도 사람들마다 각자 중요하게 생각하는 요소는 다르다. 그런데 왜 입지가 부동산의 1요소라는 걸까? 그것은 다른 요소들에 비해 변하지 않는, 보다 정확히는 가장 천천히 변하고 오래 지속되는 속성을 가지기 때문이다.

입지 외 요소들은?

먼저 브랜드를 생각해보자. 자이, 힐스테이트, 래미안 등이 사람들이 선호하는 아파트 브랜드다. 그렇다면 언제부터 이런 브랜드들이 등장했을까? 1980년대는 물론 1990년대까지 사람들이 가장 선호하는 아파트 브랜드는 현대아파트였고 그 외 우성아파트, 경남아파트, 한양아파트 등 주요 건설사명을 내세운 아파트명이 주류였다. 이후 2000년대 들어 분양가 상한제가 폐지되고 고급화 바람이 불며 자이나 래미안처럼 건설사명이 아닌 브랜드를 붙이는 것이 유행이 되었다.

그렇다면 이 브랜드의 가치는 얼마나 지속될까? 이미 현대건설은 2004년 론칭한 힐스테이트 브랜드의 가치가 더 이상 '프리미엄'이 아니

| 브랜드 선호도

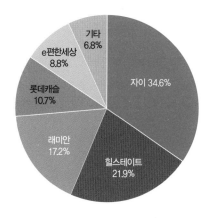

자료: 닥터아파트, 2017년 4월 기준

라고 판단해 2014년 'THE H'라는 새 브랜드를 내놓았다. 그런데 처음 내놓을 당시 강남 일대의 분양가 3,000만 원 이상 고가 아파트에만 THE H 브랜드를 사용하겠다고 했으나, 불과 몇 년 지나지 않아 지방 재건축 단지 수주에도 THE H 브랜드를 사용하기 시작했다.

사실 힐스테이트라는 브랜드 역시 현대건설이 1999년 도입한 현대홈타운 브랜드가 경쟁 브랜드인 자이, 래미안 등에 비해 고급스러운 느낌이 없다는 비판에 직면하자 새롭게 도입한 것이었다. 그런데 10년 만에 같은 이유로 THE H라는 또 다른 브랜드를 출시한 것이다.

더욱이 이 아파트 브랜드라는 것이 강한 법적 구속력을 가진 건 아니다. 거리를 지나다 보면 분명 1980~1990년대 지은 낡은 아파트들인데 외벽에 힐스테이트, 롯데캐슬, 래미안 등이 써 있는 것을 본 적이 있을 것이다. 예전 현대아파트, 롯데아파트, 삼성아파트에 사는 주민들이 입주자대표회의 의결을 거쳐 임의로 외벽에 도색한 것이다. 심지어 지자체에 아파트명 변경신청을 내는 경우도 있다. 쉽게 말하면 엘란트라를 사서 타다가 후속 모델인 아반떼가 나오니 아반떼 엠블럼을 사서 엘란트라 트렁크에 붙이는 셈이고, 구형 에쿠스 뒤에 신형 EQ9000 엠블럼을 붙이는 셈인 것이다.

물론 건설사들마다 신규 브랜드를 론칭할 땐 상표권 등록을 하고 있어 해당 단지들을 대상으로 소송을 걸 수도 있다. 하지만 건설사의 딜레마는 해당 단지 입주자들도 자기 건설사의 과거 고객이란 것이다. 수억 원이나 들여 자사 제품을 구매한 예전 고객들을 상대로 소송을 벌일 경우 발생할 기업이미지 하락이 무서워 울며 겨자 먹기로 보고만 있는 것이다.

유행하는 평면도 변화한다. 과거 1980년대에는 부엌에 식모방이 필수였다가 지금은 없어지고, 같은 30평대도 과거 2베이에서 3베이, 4베이로 진화하는 등 지금의 유행 평면이 얼마나 지속될지는 아무도 모른다. 독신가구, 딩크족(무자녀 맞벌이 가구) 확산으로 현재 인기 있는 20평대 평면인 '방 3개 화장실 2개' 구조보다 '방 2개, 화장실 1.5개(욕조가 있는 안방 화장실+양변기·세면대만 있고 샤워시설 없는 공용 화장실)' 평면의 인기가 올라갈 것이다. 이미 방 2개 구조인 한남더힐 26평이 매물 구하기 어려울 정도로 인기가 하늘을 찌르는 것을 본 건설사들은 트리마제 등 신규 고급 분양단지에서 유사한 평면을 도입하고 있다.

반면 앞서 언급한 것처럼 입지는 유행 브랜드나 평면, 커뮤니티 시설 등에 비해 상대적으로 오래 지속되는 요소다. 부동산, 특히 아파트 입지에는 여러 가지 하위 요소들이 있다. 지하철에서 얼마나 가까운가, 주변 편의시설 혹은 유해시설, 학군, 직주근접(직장과 주거가 가까움), 자연환경 특히 한강이나 공원 접근성 등 다양한 요소들이 한 데 모여 입지를 구성한다.

건물은 낡고 평면은 유행을 탄다. 브랜드는 꾸준히 새롭게 출시되지만 건물이 위치한 입지는 변하지 않는다. 아니 정확히 말하면 '매우 천천히' 변한다. 그 변화가 눈에 보이지 않아 체감하기 힘들지만 시간이 지나면 문득 놀랄 정도로 변해 있다는 걸 깨달을 뿐이다.

때로는 타이밍이 더 중요할 수도 있다

지금까지 말한 것처럼, 부동산에서 가장 중요한 요소는 입지다. 좋은 입지에 있는 부동산은 파는 것이 아니다. 정 현금이 필요한 경우가 아니면 대대손손 물려주어야 하는 것이 좋은 입지에 있는 부동산이다.

자산이 먹고 사는 범위를 넘어서면 현금이든 주식이든 채권이든 자산을 보관하는 형태가 중요해진다. 현금은 좋은 교환 수단이지만 가치 저장수단으로는 그리 바람직하지 않다. 금본위제가 폐지되고 종이화폐, 더 나아가 전자화폐의 시대로 변하고 있는 지금, 이론적으론 그 공급이 무제한적이기 때문이다. 실제 많은 국가에서 돈을 찍어내는 바람에 인플레이션이 발생하고 이 경우 가치 저장수단으로서 현금의 가치는 곤두박질친다.

좋은 입지에 있는 부동산은 이 공급과잉으로부터 자유롭다. 토지는 유한한 자원이기 때문이다. 그래서 참여정부의 이정우 초대 정책실장이 신봉한 경제학자 헨리 조지는 토지 사유화에 부정적인 생각을 가졌다. 토지, 특히 핵심 지역의 토지는 공급이 제한된 자원이기에 이를 사유화할 경우 공익을 저해한다고 본 것이다. 바꾸어 말하면 이처럼 공급이 제한된 좋은 입지의 토지를 내가 사유화할 수만 있다면 그 사적 이익은 무궁무진할 것이다.

하지만 이 책에서는 입지에 대해 논하기 전 타이밍에 대해 먼저 이야기하고자 한다. 새 정부가 들어선 이후 상승장을 넘어선 폭등장이 예상되고 있다. 그 이유는 앞서 말한 공급 부족, 특히 강남권의 공급 부족과 해소되지 않는 과잉유동성 때문이다.

때문에 지금 상황에선 입지보다는 '매수 타이밍인지 매도 타이밍인지 혹은 기다려야 하는지'가 독자들의 더욱 큰 관심사일 것이다. 두 번의 금융위기와 두 번의 상승장, 특히 2013년부터 시작된 최근 상승장의 경우 많은 사람들은 상승이 온지도 모른 채 맞이한 바 있었다. 정신 차리고 보니 이미 많이 오른 것이다. 이런 때가 가장 의사결정하기 힘든 시점이다. '따라 잡을까? 아니 그러다 떨어지면 어떻게 하지?', '좀 올랐는데 팔까? 그러다 더 가면 어떻게 하지?'

산 사람도 사지 않은 사람도 제일 아리송한 시점이다. 더구나 한국에는 강력한 부동산 억제정책을 폈던 참여정부의 맥을 잇는 새 정부가 들어섰다. 바다 건너 미국에선 트럼프라는 독특한 캐릭터의 대통령이 등장하며 앞으로의 전망을 더 어렵게 하고 있다. 지금은 어느 곳을 살 것인가 보다 타이밍에 대한 고민이 우선인 시점이다.

오르는부동산의법칙

너도나도
"내가 폭락을 예측했다!"

2015년에 개봉해 히트를 친 〈빅쇼트Big Short〉라는 영화가 있다. 부동산 버블을 미리 예측하고 2008년 금융위기 때 베팅을 해 천문학적인 돈을 벌어들인 펀드매니저들에 대한 논픽션 영화다. 금융에서 쇼트Short란 용어는 시장이 하락할 것을 예상해 투자포지션을 매수가 아닌 매도로 잡는 것을 말한다. 이것이 흔히 말하는 '공매도'다. 영어로는 'Short Selling'이라고 한다.

영화 자체는 흥미롭고 재미있었다. 하지만 영화를 소개하는 홍보자료 속 문구나 영화 중간중간 출연자들의 대사에서 불편함이 느껴졌다. '아무도 예측하지 못한', '홀로 시장의 붕괴를 예측하고' 등등의 표현들 때문이었다. 과연 2008년 직전까지 부동산시장 붕괴를 예측한 것은 이들만이었을까? 다른 사람들은 영화에서 나오듯 모두 부동산 호황에 취해 넋

놓고 있다 폭락에 휩쓸린 걸까?

한국에도 그런 사람들이 있었다. 한 때 부동산 폭락론으로 큰 인기를 얻어 수많은 책들을 베스트셀러로 만든 사람이다. 그는 원래 또 다른 사설경제연구소에 근무했는데 그 경제연구소 역시 아무도 예상하지 못했던 2004년, 심지어 2003년부터 줄기차게 폭락을 경고해왔다고 홍보하고 있다. 다음은 2008년 9월 14일 리먼 브라더스가 파산신청을 하며 서브프라임 사태가 공식화된 지 딱 나흘 뒤인 9월 18일에 해당 경제연구소에서 펴낸 〈경제시평〉에 실린 글이다.

"미국의 부동산시장 거품 문제에 대해서는 이미 2003년과 2004년 무렵 연구소에서 발간한 〈경제보고서〉에서도 여러 차례 지적한 바 있습니다. 2004년에 발간한 〈현실과 이론의 한국경제〉 2권에서도 이미 미국 부동산 버블 붕괴 위험을 경고했습니다. 그때 이미 우리 연구소는 미국 부동산 버블 붕괴를 시간 문제로 봤습니다."

그럼 이 몇몇 선각자 외에 부동산과 금융시장의 그 수많은 투자자와 전문가들이 정말 아무도 몰랐거나 혹은 탐욕에 눈이 멀어 다가오는 폭락을 외면한 것일까?

난 2005년 플로리다대University of Florida 경영대학원Warrington College of Business의 부동산 석사과정에 입학했다. 이미 미국에서 MBA를 취득하고 굳이 다시 부동산 석사과정에 들어간 이유는 부동산 투자를 하다 보니 이를 제대로 공부해보고 싶었고, 또 부업이 아닌 직업으로 부동산 투자를 다루고 싶었기 때문이다.

그러나 부동산 석사과정에 입학한 지 한 달도 안 되어 타이밍을 놓쳤다는 생각이 들었다. 2005년 가을, 적어도 미국 부동산 업계에 종사하는 사람들이나 대학에서 부동산을 가르치는 교수들, 배우는 학생들 모두가 폭락에 대해 얘기하고 있었기 때문이다. 나 역시 1990년대 후반 외환위기와 2000년대 초반 코스닥 벤처 붐 및 버블 붕괴를 경험했기에 역시 부동산 호황이 영원히 갈 것이라고 믿지는 않았다. 하지만 이렇게 빨리 끝날 것이라고는 생각을 못했던 것이다.

1999년과 2000년 벤처 붐 시기엔 미국에서 MBA 과정에 다니고 있었기 때문에 당시 호황을 옆에서 구경만 했지 실제 그 시장에 참여해 큰 이득을 보지는 못했다. 여름방학을 이용해 잠시 인턴으로 근무했던 '한셋투자자문'이라는 회사는 당시 정부로부터 아리랑구조조정기금과 코리아벤처펀드라는 상당한 규모의 벤처펀드 운용을 위탁 받아 엄청난 수익을 올리고 있었다. 잠시 머물다 가는 인턴 신분으로 운용역들이 성과급 잔치를 벌이는 것을 부러운 눈으로 바라봐야만 했다. 그리고 MBA를 마친 2001년, 벤처 붐은 버블 붕괴와 함께 끝나 있었다. 기회를 놓친 것이다.

이번 부동산 활황은 놓치고 싶지 않았다. 그래서 '신의 직장'을 넘어 '신이 숨겨놓은 직장', '신도 모르는 직장' 소리를 듣던 한국거래소에 미련 없이 사표를 던지고 미국으로 다시 부동산 공부를 하러 간 것이었다. 그런데 벌써 폭락이라니.

음악이 계속되는 한 우린 모두 춤을 추어야 했다

마음이 쓰렸지만 어김없는 사실이었다. 2005년에 이미 미국 부동산 업계에서는 모두가 시장 과열과 이에 따른 필연적인 버블 붕괴에 대해 논의하고 있었다. 핵심은 폭락하느냐 아니냐가 아니라 언제 폭락하느냐였다. 부동산 거품이 붕괴된 후 한 투자은행가가 한 유명한 말 "음악이 계속되는 한 우린 모두 춤을 추어야 했다"처럼 시장 참여자들은 수익 극대화를 위해 언제 음악이 멈출지 촉각을 곤두세우면서도 계속 춤을 추었던 것이다.

이것이 미련한 짓이었을까? 현명하게 음악이 멈추기 한참 전에 춤을 멈춰야 했을까? 투자자들 모두 알고 있었던 사실은 '이번 장이 끝나면 언제 또 이런 상승장이 올지 모른다'는 것이었다. 경험으로 보면 최소한 10년은 기다려야 다시 사이클이 돌아온다. 짧은 인생, 이런 좋은 기회가 왔을 때 최대한 수익을 극대화하고 빠져나가려는 것은 인간의 본성이자 현명한 투자라고 할 수 있다.

서브프라임모기지 사태가 벌어지고 '내가 폭락을 예측했다'라고 주장하는 몇몇 부동산 경제 전문가들의 말대로 2004년에 투자를 안 했다면 어떻게 되었을까? 2004년으로 기준을 잡은 이유는 몇몇 유명한 부동산 전문가들이 2004년 심지어 2003년부터 폭락을 경고했다고 주장했고, 나 자신이 마침 2004년에 전 재산을 털어 재건축에 투자했기 때문이다.

2004년 12월 가락시영 1차 13평을 구입했다. 얼마에 샀을까? 2억 8,500만 원이었다. 이 시점을 저점으로 이후 치솟기 시작했다.

반등을 확신해 주변 친지들에게도 정보를 공유하기 시작했고 후배 몇몇에게 거래한 부동산 중개업체를 소개해 주기도 했다. 후배들은 곧 이런 저런 얘기를 늘어놓기 시작했다. "거기 부동산 사장님이 형 얘기 하니까 바로 조 선생님이라며 기억하던데? 시세가 떨어진 거지 막상 그 시세에 매수한 사람은 형 말곤 없다던데?" 돌아보니 어린 나이에 작게나마 투자에 성공하고 중년의 부동산 중개사들로부터 선생 소리를 듣게 된 것에 우쭐해 부동산을 공부하겠다고 나선 것인지도 모른다.

막상 쓰고 보니 이런 팔불출이 없지만 사실이었다. 몇몇 유명한 부동산 전문가들이 폭락을 경고했다던 '2004년'에 구입한 재건축 아파트는 2008년 금융위기로 잠시 하락하기도 했으나 한번도 2004년 구입가 아래로 내려가지 않았고, 입주를 1년 앞둔 2017년 현재 추가부담금을 제외하고도 약 3배 넘게 시세차익을 냈다. 수익률로 환산하면 13년간 연평균 9% 오른 셈이다. 연평균 수익률로 보면 대단하지 않아 보이지만 중간의 금융위기 기간을 포함해 13년 간 꼬박꼬박 9%씩 올랐다는 점에서 꽤 효자 노릇을 한 투자였다.

미국에서 부동산을 공부하며 업계사람들과 교류를 시작한 2005년에서 2006년 사이, 모든 사람들은 폭락을 예상하면서도 음악이 정확히 언제 끝날지에 촉각을 곤두세우며 춤을 추고 있었다. 이번에 끝나면 언제 음악이 다시 시작할지 모르기 때문이다.

2005년 겨울방학, 여기저기 취업자리를 알아보며 메일을 보내던 학교 메일 계정으로 부동산 금융을 가르치던 한 교수가 보낸 단체 메일이 와 있었다. 본인이 팔았던 리츠REITs, Real Estate Investment Trusts를 다시 샀으니 투자에 참고하라는 내용이었다. 이게 무슨 말일까? 여기서 리츠는 '부동산투자신탁'이라는 뜻이다. 소액투자자들로부터 자금을 모아 부동산이나 부동산 관련 대출에 투자하여 발생한 수익을 투자자에게 배당하는 회사나 투자신탁이다. 증권의 뮤추얼펀드와 유사해 '부동산 뮤추얼펀드'라고도 한다.

겨울방학이 시작되기 직전인 2005년 늦가을, 그 교수는 수업시간에 학생들에게 본인이 보유한 리츠를 모두 팔았다고 했었다. 곧 올 것이라고 생각한 그 '폭락'이 이제 시작할 것 같다는 것이었다. 전공이 부동산 금융을 가르치는 대학 교수이니만큼 이후에도 지속적으로 시장을 모니

| 미국 리츠 변동

*2001년 = 100

자료: MSCI Research

터링하고 정보를 분석했을 것이다. 미국 리츠 그래프를 보면 교수의 판단이 정확했다는 것을 알 수 있다.

2000년부터 상승세를 타기 시작한 미국의 리츠는 교수가 매도한 2005년 늦가을 상승세가 한풀 꺾이기 시작했다. 2005년 내내 시장 폭락에 대비해온 부동산 투자자들 입장에서는 '아 이제 상승세가 멈추고 폭락이 시작되는구나' 우려할 만한 대목이었다.

하지만 2005년 말 잠시 주춤했던 미국 리츠는 2006년 초부터 다시 상승세를 타기 시작해 2006년 1년 내내 큰 폭의 상승세를 이어갔고 2007년이 되어서야 모두가 예상했던 하락이 시작되었다. 잠깐의 하락세를 멈추고 반등에 들어간 바로 2006년 1월, 이 교수는 두 달 전 매도했던 리츠를 다시 매입했고, 지인들에게도 투자에 참고하라며 이 사실을 알린 것이다.

2006년 5월, 미국의 경영대학원에서 여름학기를 포함해 1년 간 36학점을 들어야 하는 살인적인 코스를 마치고 다시 사회로 복귀하게 되었다. 이 무렵, 늘 조별과제를 함께 했던 네 명 중 한 명인 브라이슨이라는 친구와 다음과 같은 대화를 나누었다.

브라이슨 "너 졸업하고 어디로 갈거야?"

나   "아마 한국으로 돌아갈 것 같아. 너는?"

브라이슨 "포트로더데일에 있는 부동산 개발회사로 갈 거야."

나   "와, 잘됐네. 가면 집 살거야?"

브라이슨 "에이, 조금 있으면 폭락할 텐데 왜 지금 사. 기다렸다 싸게 사야지."

그 후 모두가 아는 대로 2007년 부동산시장은 상승세를 멈췄고, 2008년 폭락이 시작되었다.

폭락의 시점 예측하기

어쨌거나 멀쩡한 직장에 사표를 던지고 두 번째 미국 유학길에 올랐으니 공부라도 열심히 해야 하지 않겠는가. 처음 유학을 갔던 때에 비해 두 번째 유학은 알고 싶은 것이 명확한 상태로 갔으니 수업시간에 수많은 질문을 던졌던 것으로 기억한다.

학기 초에 던진 첫 번째 질문은 바로 '폭락의 시점'에 대한 것이었다. 2000년대 초반, 닷컴 버블 붕괴에 따른 경기침체를 막고자 연준의 그린스펀 의장은 6%를 상회하던 기준금리를 2004년 1.5%까지 급속하게 낮췄다. 이러한 조치가 경기후퇴는 어느 정도 막아주었다. 하지만 부동산 시장이 급속하게 상승하는 부작용이 따라왔다.

사실 2004년부터 폭락을 주장하던 일부 부동산 경제 전문가들의 주장에 근거가 없는 것은 아니었다. 2004년 미국의 기준금리는 당시로서

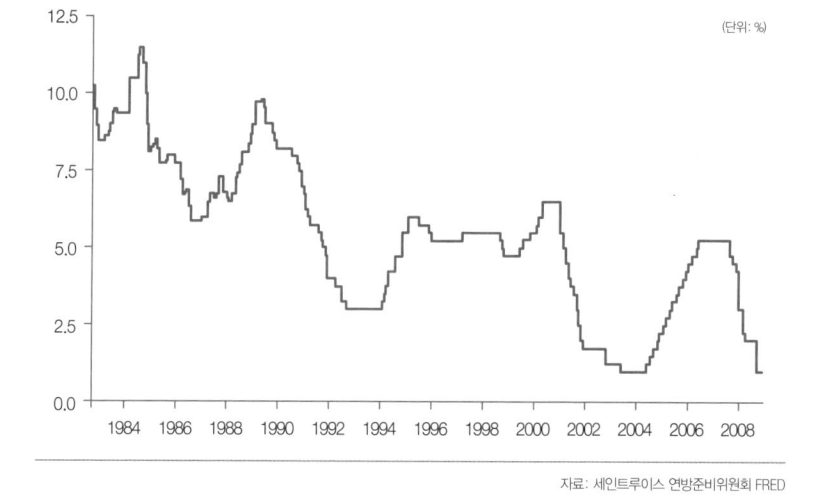

자료: 세인트루이스 연방준비위원회 FRED

는 더 이상 낮출 수 없다고 여겨진 1%대에 진입했고 부동산 과열 등에 대한 우려로 점진적인 금리 인상이 예상되던 시점이었다.

"계속 금리를 내리던 미국이 이제 금리를 올린다. 봐라, 올리기 시작했다. 이제 폭락이다. 내가 경고한다." 어디서 많이 들어본 말 같지 않은가? 바로 2016년부터 언론에서 많이 보이는 전문가들의 말과 토씨 하나 안 틀리고 똑같은 말이다.

장기적으로 보면 부동산 폭등 초기인 2004년에 폭락을 경고한 것도 맞는 말이다. 하지만 케인즈가 그러지 않았던가? "장기적으로 보면 우리는 모두 죽는다"고. 문제는 언제 어떻게 죽느냐는 것이지 갓 태어난 신생아에게 "너도 언젠가는 죽는다"고 예언하는 것은 아무 의미가 없는 말장난일 뿐이다. "고장 난 시계도 하루에 두 번은 맞는다"는 말이 있다. 10년 동안 계속 폭락을 외치면 한번은 맞게 되어 있다. 반대로 무조건 폭등을 외쳐도 10년에 한 번은 맞는 것이다.

2004년을 저점으로 금리가 오르기 시작해 이미 상당부분 금리인상이 진행되어온 2005년 무렵 사람들이 '과연 이 부동산시장이 어느 시점에 폭락을 할까' 신경을 곤두세운 것은 당연한 일이었다.

2005년 가을, 수업시간에 이런 질문을 던졌다. "교수님, 금리가 올라가면 부동산시장이 상승을 멈추고 하락세로 돌아설 것이라고 많은 사람들이 말하는데, 이미 금리는 저점 대비 상당히 올라왔지만 아직 부동산 상승세는 멈추지 않고 있습니다. 그렇다면 금리 외에 다른 변수를 관찰해야 하는 것으로 보이는데 무엇을 봐야 할까요?"

예상 외의 질문에 상당히 곤혹스러운 표정을 짓던 교수는 "워드 오브 마우스Word of Mouth(구전, 입소문)"라는 조금은 전문가스럽지 않고 미국 경영대학원의 부동산금융 강의 시간에 잘 쓰이지 않을 것 같은 단어를 꺼냈다. 즉 "입소문을 잘 들어봐라. 부동산업계에서 잔뼈가 굵은 투자자들이 고점이라고 공감대를 이루면 매물이 나오기 시작하고, 곧 걷잡을 수 없이 하락세가 시작될 것이다"라는 대답이었다.

금리 외에 신용스프레드, NAR National Association of Realtor(전미 부동산협회, 유의미한 부동산 통계자료들을 많이 제공한다)의 Pending Home Sales Index(기존 주택 계약건수를 월별로 집계) 등 뭔가 있어 보이는 지표를 기대했는데 조금 싱거운 답변이었다.

학업 과정이 본격적으로 시작되면서 플로리다를 거점으로 하는 부동산 업계 전문가들의 네트워킹 행사, 특강, 기업투어 등을 통해 '미국 부동산업계에서 잔뼈가 굵은 투자자들'과의 만남이 빈번해졌다. 그제서야 난 교수가 "입소문을 들어봐라"라고 한 이유를 실감하게 되었다. 그 중 가장 기억에 남는 두 명과의 대화에 대해 소개한다.

말도 안 되게 낮은 수익률(캡 레이트)?

한 사람은 미국 남부지역에서 아파트로 기업형 임대사업을 크게 하는 사람이었다. 임대업이라고 하면 우리나라에서는 보통 원룸건물을 하나 가지고 있는 개인을 많이 떠올리지만 미국에서 기업형 임대사업은 한 사업자가 아파트 단지 전체를 소유하고 개인에게 가구별로 임대를 주는 형태다. 즉 아파트 관리사무소에 임대사업자의 직원들이 상주하며 단지관리와 임대차 관리를 같이 하는 것이다. 보통 미국에서 '아파트'라고 하면 이런 형태의 임대주택을 말하고, 우리나라의 아파트 개념을 미국에서는 '콘도Condominium'라고 부른다.

우리나라에서도 최근 기업형 임대주택을 도입하고 있다. 한국식 기업형 임대는 '뉴스테이'라는 타이틀을 달고 의무 임대기간 8년 이후 분양전환 가능성을 열어놓는 등, 순수하게 주택 임대사업을 기업화한 미국식 형태와는 조금 다르다. 우리나라의 기업형 임대는 부동산 불경기 때 일감이 없는 건설사의 사업을 지원하기 위한 형태로 운영되고 있기 때문이다.

미국의 기업형 임대는 직원 수백 명을 고용하는 꽤 큰 형태의 기업이다. 보통 기업형 임대주택 회사는 단지 하나만을 임대하는 것이 아니고 본사가 있는 주나 그 인근 몇 개 주에 최소 5~6개에서 많게는 10여 개의 아파트 단지를 통째로 소유하고 임대하는 것이 보통이다.

다시 이야기로 돌아와, 이 기업형 임대회사의 오너 사장이 지금 소유한 아파트 단지들을 팔고 있다는 것이었다. 이유는 단순했다. 본인이 생각하기에도 너무 비싼 값을 주고 팔라고 하길래 판다는 것이다. 당시 대화에서 아직도 기억하는 정확한 표현 하나가 있다. 바로 '리디큘러슬리 로우 캡 레이트Ridiculously low cap rate'이었다. 번역하면 '말도 안 되게 낮은 수익률'이라는 뜻이다. 이게 무슨 말일까?

먼저 캡 레이트Cap rate라는 표현을 이해해야 한다. 캡 레이트는 캐피탈리제이션 레이트Capitalization rate의 줄임말로, 우리 식으로 쉽게 표현하면 '수익률'을 말한다. 캡 레이트를 구하는 공식은 다음과 같이 단순하다. 'NOINet Operating Income(임대료) ÷ 프로퍼티 밸류Property Value(건물 가격)'다.

이렇게 쉬운 말을 왜 굳이 캡 레이트라는 표현으로 쓴단 말인가? 여기서 NOI는 굳이 따지자면 임대료가 아니라 '순 운영수입'을 말한다. 임대료에서 재산세, 임대차 계약 중개수수료, 건물유지보수비, 관리비 등을 뺀 순수한 수입이 NOI인 것이다. 말하자면 기업의 영업이익 정도 되는 개념이다. 프로퍼티 밸류 역시 건물의 매수가격에 부대비용(취득세, 부동산 중개수수료, 건물감정평가비, 등기비용 등)을 모두 합한 전체 투자비용을 말한다.

난 최근 우리나라에서 소형건물을 많이 보러 다니는데, 최소 수십억 원 이상의 건물을 거래하는 부동산 중개업자들이 제공하는 정보가 미국과 비교하면 좀 심하게 차이 나는 것을 느낄 수 있다. 보통 인터넷에 올려놓는 수익률이라는 것이 분자에는 NOI가 아닌 총임대료, 그것도 예상 임대료를 올려놓고 분모인 건물가격은 부대비용을 빼고 계산해 놓았다.

주택이 아닌 상업용 건물인 경우, 보통 '꼬마빌딩'으로 많이들 투자하는 2종 근생건물의 취득세율은 4.6%다. 절대 무시할 수 없는 금액이다. 여기에 최고 0.9% 이내에서 상호 협의하게 되어 있는 중개수수료는 절충한다고 쳐도, 등기비용까지 고려하면 부대비용이 최소 건물가격의 5% 이상 소요된다. 분모에 이 부대비용을 더하고 분자에는 재산세, 임대차 중개수수료, 유지보수 비용 등을 차감해 미국식으로 정확히 계산하면 가뜩이나 낮은 한국 꼬마빌딩의 수익률은 더 낮게 나오게 된다.

미국의 상업용 부동산을 중개하는 중개법인이 이런 매물을 매매할 때 제공하는 자료에는 해당 건물의 NOI에 대한 세부내역이 빼곡하게 들어차 있다.

굳이 캡 레이트라는 표현을 쓰는 이유는 미국 부동산, 특히 상업용 부동산시장에서 일상적으로 통용되는 용어이기 때문이다. 중개인이 이 건물의 캡 레이트가 낮다고 하면 그건 '건물 가격이 비싸다'란 뜻이고, 캡 레이트가 높다며 적극 추천한다고 하면 '이 건물은 가격이 싸게 나왔다'는 의미로 이해하면 된다.

그런데 사는 사람도 아닌 파는 사람이 '말도 안 되게 낮은 캡 레이트'라는 표현을 썼다. 바꿔 말하면 파는 사람 입에서 "누가 와서 내 건물을 말도 안되게 비싼 값에 사겠다고 하길래 얼른 팔았어"라는 말이 나온 것이다. 이를 해석하면 이 '부동산시장에서 잔뼈가 굵은 베테랑'이 볼 때 시장이 지금 과열되었고 시장이 하락하기 전에 본인은 좋은 가격에 현금화하고 있다는 뜻이었다.

여기에서 상업용 부동산 투자경험이 조금이라도 있는 독자들은 이렇게 반문할 것이다. "말도 안되게 낮은 수익률이라는 것은 존재하지 않지요. 은행금리가 내려가면 자산에 대한 기대수익률도 낮아지기 때문에 부동산 수익률, 즉 캡 레이트도 낮아지는 것이 당연하지 않나요?"라고 말이다. 정말 그럴까? 대부분의 독자들은 이 대목에서 고개를 끄덕이며 수긍할 것이다. 실제 우리나라 언론의 부동산 관련 기사들을 봐도 대개 그렇게 말하고 있다.

다음 페이지 그래프는 모건 스탠리가 미국 국채 10년물의 수익률과 부동산 캡 레이트의 상관관계에 대해 1978년부터 2013년까지 35년간의 데이터를 분석해 놓은 것이다. 어떤가? 금리와 캡 레이트가 서로 밀접하게 연관되어 있는 것으로 보이는가?

눈으로 어림짐작하기는 어려울 수도 있다. 모건 스탠리는 친절하게도 이 두 변수의 상관관계Correlation를 계산해 놓았다. 1978년부터 2013년까지, 충분히 길다고 할 수 있는 이 기간 동안 금리와 캡 레이트의 상관관계는 0.26이었다. 어떤가? 상관관계가 높은가? 통계학적으로 보면 보

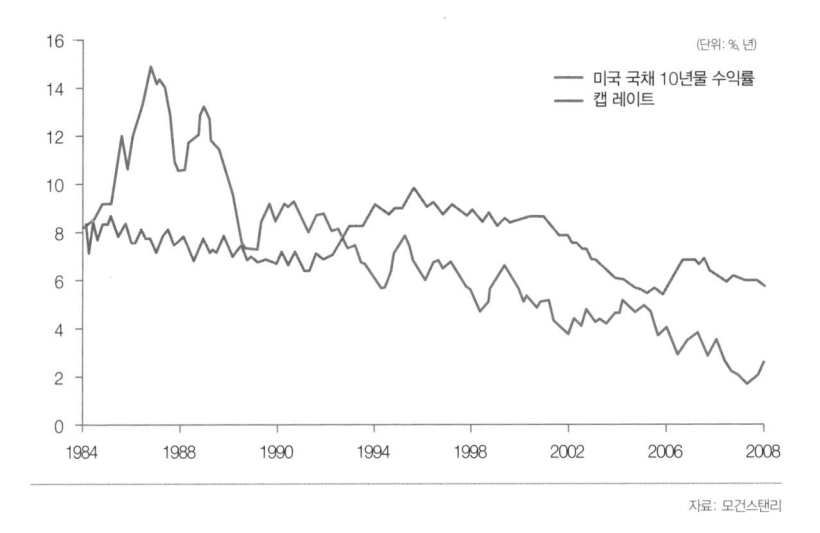

자료: 모건스탠리

통 0.8 이상일 경우 높은 상관관계, 0.5 이상이면 약한 상관관계가 있다고 한다. 0.26이라는 수치는 상관관계가 아주 없지는 않지만 그리 높지도 않은, 즉 금리는 캡 레이트를 결정하는 수많은 요소 중 하나일 뿐 절대적인 기준치는 아니라는 점을 보여준다.

아마 상가나 건물에 투자하고 있는 독자들은 조금 당황스러울 수도 있을 것이다. 왜냐하면 그 동안 우리나라 부동산업계나 금융, 언론 등이 금리가 부동산 수익률에 절대적인 영향을 미치는 것처럼 말했고, 또 실제 상업용 부동산의 매매가를 정할 때 이 기준을 적용해왔기 때문이다.

하지만 모건 스탠리가 충분히 긴 시간에 걸쳐 미국 부동산시장을 분석한 결과 그렇지 않다는 것이 밝혀졌다. 그러니 앞서 언급한 기업형 임대회사 사장, 즉 '부동산시장에서 잔뼈가 굵은 베테랑'이 '말도 안 되게 낮은 수익률Ridiculously low cap rate'이라고 분석한 것은 경험에서 우러나온 옳은 판단이었다고 할 수 있겠다(모건 스탠리의 이 보고서는 2013년에 발표됐고 나와 기업형 임대회사 사장의 대화는 2006년에 있었다).

물론 이 캡 레이트는 지역에 따라 다르고, 건물의 노후화 정도, 결정적으로 임차인의 업종과 신용도에 따라서도 달라진다. 우리나라에서도 강남구에 있는 건물은 같은 수도권인 의정부에 있는 건물에 비해 낮은 수익률로 거래가 된다. 미국처럼 자세한 분석데이터를 본 적은 없으나 느낌상 보통 1% 이상 차이가 나는 것 같다.

임차인의 업종과 임대기간, 신용도에 따라서도 캡 레이트는 달라진다. 우리나라도 은행이나 병의원이 장기계약한 건물의 경우 수익률을 조금 낮게 쳐주는 경우가 있다.

미국의 상업용 건물은 보통 5년, 10년, 20년 장기 임대계약이 많고, 임대 기간 동안 2년에 5% 혹은 5년에 10% 식으로 임대료 자동 인상 조항을 넣는 경우가 많다. 그러다 보니 임차인의 신용도 조사는 필수적이고, 자영업자가 아닌 기업이 임대하는 경우는 부동산 중개인이 제공하는 자료에 임차기업의 기업신용평가정보까지 수록한다.

예를 들어 미국의 통신회사인 버라이즌Verizon이 장기 임차한 휴대폰 매장의 경우 다른 조건이 같다면 중견 기업인 달러샵Dollar shop(저가 제품 매장)이 임대차 계약을 체결한 물건에 비해 낮은 캡 레이트로 매물이 나온다.

캡 레이트를 결정하는 주요 요인 중 하나가 이 신용도다. 쉽게 말해 경기가 좋아 장사가 잘되면 파산하는 기업이나 자영업자가 줄어드니 캡 레이트가 낮아지는 것이고 불경기가 되면 같은 이유로 캡 레이트가 올라가는 것이다.

앞의 모건 스탠리 그래프에서 이 임대사업가가 '말도 안 되게 낮은 수익률'이라 했던 2006년을 찾아보자. 뭔가 이상한 점이 눈에 띄는가? 2000년대 초반까지 8%대를 유지하던 캡 레이트는 이후 꾸준히 하락하여 2006년에는 5%대에 진입했고 약 1년 후인 2007년 무렵 최저점을 찍은 후 다시 반등했다(즉 부동산 가격이 떨어졌다).

반면 금리는 어떤가? 2004년 무렵에 저점을 찍은 금리는 2006년 이미 완연하게 상승세로 돌아갔다. 캡 레이트와 금리는 비록 일반적인 기대에 비해 상관관계가 낮은 것이지 어느 정도의 상관관계가 존재하긴 한다. 여기에 캡 레이트의 중요 결정요소인 기업 신용도와 부동산 공급물량 등을 고려할 때, 이 임대사업가는 당시 캡 레이트가 바닥을 찍었고 곧 다시 상승할 것이라고(다시 말해 부동산 가격이 떨어질 것이라고) 판단해 매도에 나선 것이다.

그럼 '말도 안되게 비싼 가격'으로 아파트 단지 전체를 통으로 산 사람은 누구인가? 그 사람은 바보라서 그렇게 샀을까? 그 아파트 단지를 통으로 산 사람은 콘도 컨버전Condo Conversion 사업자였다. 쉽게 말하면 미국식 재건축이다. 이 미국식 재건축은 우리나라의 경우와 달리 사업자가 아파트 단지 하나를 통으로 사서 개조해 되파는 형식이다.

앞서 말한 것처럼 미국식 아파트는 대개 기업형 임대사업자가 통으로 소유한 임대주택이고 콘도는 개별가구 소유자들에게 분양되는 우리 식 아파트인 것이다. 콘도 컨버전은 의미 그대로 이런 임대아파트를 통으로 사서 콘도로 개조해 분양하는 것이다.

보통 2006년 당시처럼 부동산 가격이 폭등할 때 많이 등장하는 사업 방식이다. 그렇게 좋은 사업이라면 왜 아파트 단지를 소유한 기업형 임대 사업자가 직접 하지 않을까? 소유한 자본의 속성과 리스크Risk 회피 경향이 다르기 때문이다.

기업형 임대사업자는 떼돈 벌 욕심보다 임대 수요가 꾸준한 지역에 아파트 단지 몇 개를 소유하고 그 단지의 유지보수를 잘하면서 꾸준히 임대수익을 올리고 싶어하는 사람들이다. 반면 콘도 컨버전은 말 그대로 벤처Venture 사업에 가깝다.

대출비중이 높더라도 임대료를 꾸준히 받아 그 현금흐름으로 원리금 부담을 상쇄할 수 있는 기업형 임대사업에 비해 콘도 컨버전은 아파트 단지를 매입하고 이를 리모델링해 분양할 때까지 아무런 현금흐름이 없다. 만약 분양이 뜻대로 되지 않거나 분양 시점에 경제상황이 달라진다면 큰 낭패를 보는 사업이다. 반면 뜻대로 분양만 된다면 적은 자기자본으로 목돈을 거머쥘 수 있는 모험사업인 것이다.

어느 분야나 그렇듯 이런 벤처사업은 경험보다는 패기로 무장한 젊은 층들이 뛰어든다. 한 때 패기로 무장해 벤처에 뛰어들어 성공한 사람들도 성공의 대가로 주머니가 두둑해지고 나이가 들면 안정적인 임대사업자가 되기 마련이다.

두 번째 만난 사업가는 이를 좀 더 적나라하게 지적했다. 두 번째 에피소드는 조금 간단하게 말하겠다. 2006년 당시 플로리다에서 큰 부동산 개발업체를 운영하던 이 사업가는 다음과 같은 말을 했다.

"애송이Youngster들이 떼돈을 벌겠다고 경험도 없이 부동산 개발에 뛰어들어 여기저기 토지를 비싼 값에 사들여 사업을 진행하고 있는데, 조만간 다 망할 것이다. 지금 여기 플로리다에만도 저 애송이들이 사업을 마무리 짓지 못하고 파산하면 그걸 헐값에 인수하기 위해 벌처펀드Vulture Fund(망한 사업을 헐값에 인수해 정상화시켜 파는 펀드)들이 생기고 있다. 나도 지금 몇 군데 벌처펀드와 투자를 준비 중이다."

2010년 무렵 미국 부동산 사이트들을 검색해보면 플로리다, 특히 올랜도 일대에 이런 짓다 만 타운하우스들이 대거 경매에 나온 것을 발견할 수 있었다. 대개 2000년대 후반에 지어진 올랜도 외곽의 50~100가구 내외 타운하우스 단지가 통으로 경매에 붙여졌다. 대지 150평, 건평 50평 내외의 이런 새집들이 20만 달러(약 2억 원대 초반) 이하 가격에 나와 있었다. 한 때 4~5억 원 이상 호가하던 집들이었다.

영화 〈빅쇼트〉와 실제 타이밍

2003년부터 유일하게 부동산 거품 붕괴를 예측했다는 사람들의 말과는 달리, 실제 시장에서는 꽤 많은 투자자들이 과학적이고 학문적인 방법론 혹은 본인의 경험을 토대로 비교적 정확히 타이밍을 예측하고 있었다.

다시 한 번 앞서 얘기한 영화 〈빅쇼트〉로 돌아가자. 그럼 하락을 예견했다던 다른 사람들은 왜 이들처럼 투자를 해서 떼돈을 벌지 않았을까? 결론부터 말하자면 영화 주인공들은 도박을 한 것이고 다른 사람들은 도박이 아니라 투자를 했기 때문이다.

앞서 말했듯 폭락은 예견되지만 정확히 언제 시작할지 타이밍은 아무도 몰랐다. 적어도 2005년부터 '2008년에 폭락할 것이다'라고 정확한 시기까지 예측한 사람은 없었다. 미국의 부동산금융 교수도 2005년 말에 폭락을 예감하고 매도 포지션을 잡았다가 2006년 초에 이를 번복하고 다시 매수 포지션으로 돌아왔다. 하지만 이들이 한 것은 단순히 실물 부동산을 사고 팔거나 부동산을 기반으로 한 증권을 사고 판 것일 뿐이다.

레버리지를 극대화한 투기적 거래를 한 것은 이 영화의 주인공들이었다. 정확한 폭락 시점을 예측하지도 못하고 조 단위의 신용부도 스와프 거래를 한 것이다. 이 영화의 주인공들은 (혹은 실제 모델인 투자자들은) 공매도 타이밍을 너무 빨리 잡았다. 다음 페이지 그래프를 보면 이들은 미국 부동산이 한참 상승세를 타던 2005년과 2006년에 매도 포지션을 잡기 시작했다.

이렇게 너무 일찍 매도 포지션을 잡아 눈덩이처럼 누적되는 손실을 감당해야 했던 이들이 파산하지 않고 살아남아 영화에까지 등장한 이유는

영화 〈빅쇼트〉와 골드만삭스의 공매도 시점

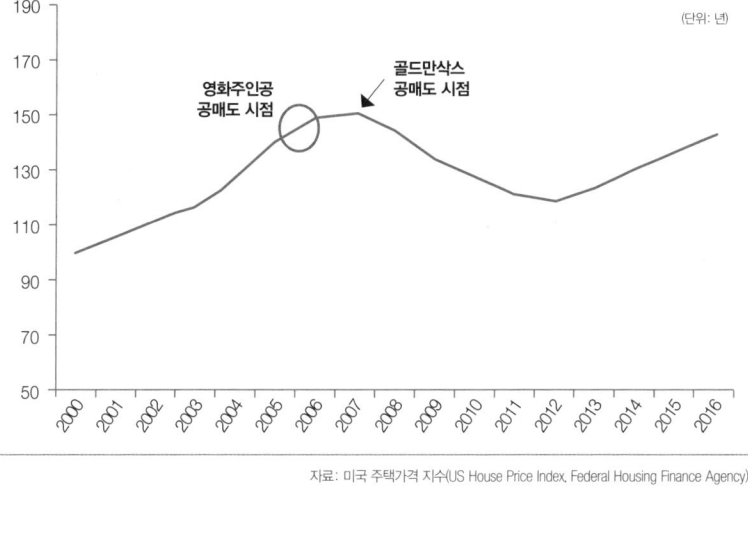

자료: 미국 주택가격 지수(US House Price Index, Federal Housing Finance Agency)

단 두 가지다. 첫 번째, 운이 좋았고 두 번째, 잘못된 타이밍 판단에 따른 손실을 상당 기간 감당할 수 있을 정도로 돈이 많았기 때문이다.

'운이 좋았다'는 표현은 만약 서브프라임모기지 사태가 6개월만 늦게 발생했어도 이들 모두는 파산했고, 이 영화의 주인공은 (만약 〈빅쇼트〉라는 영화가 그래도 나왔다면) 수익은 좀 적더라도 살아남은 많은 투기거래자 중 하나로 바뀌었을 것이기 때문이다.

이 영화에서는 대형 투자은행의 대표격인 골드만삭스가 '예견되는 폭락을 무시하고 탐욕에 눈이 멀어 투자자를 호도하는 것'으로 그려져 있다. 하지만 골드만삭스는 사실 하락 시점을 정확하게 잡고 상승의 정점인 2007년 여름부터 공매도를 시작해 수익을 극대화했다.

사실 골드만삭스가 큰 돈을 번 것은 '설계'라는 의혹을 짙게 받았다. 자신들이 판매하는 CDO(부채담보부채권, 회사채나 금융회사의 대출채권 등을 한 데 묶어 유동화시킨 신용파생상품)의 기초자산이 되는 서브프라임모기지 채권에 고의로 부도 리스크가 큰 채권을 포함시키고, 정작 자신들은 자신들이 판매한 CDO를 공매도하는 격인 CDS(신용부도스와프)에 돈을 걸었다는 것이다. 실제 이 거래를 뒤에서 조종했다고 의심받는 존 폴슨John Paulson은 2008년에 〈포브스Forbes〉 부자 랭킹 45위에 오르는 기염을 토한 바 있다.

골드만삭스가 이런 설계를 했다고 해도 이는 시장이 정점에 다다랐다는 판단을 먼저 내린 후 투자수익을 극대화하기 위해 과욕을 부린 것이다. 골드만삭스는 시장이 하락할 것이라는 사실을 널리 알려 경계한 것은 아니다. 골드만삭스의 수익모델은 사설경제연구소들처럼 이슈화로 주목을 받아 책을 팔거나 강연을 하고 사이트 유료결제를 유도해 돈을 버는 것이 아니기 때문이다. 그냥 조용히 자기들 벌 돈을 번 것뿐이다. 영화주인공들보다 더 정확하게 타이밍을 포착했지만 "내가 폭락을 예측했다"고 호들갑을 떨지도 않는다. 앞으로 자기들 돈 버는 데 도움이 안 되기 때문이다.

영화에 나온 주인공들만이 폭락을 예측하고 큰 돈을 베팅한 것은 아닐 것이다. 많은 사람들이 이들보다 비교적 정확하게 폭락 시점을 예측해, 투기적인 거래가 아닌 정상적 투자활동으로 (떼돈은 아니어도) 비교적 높은 수익을 올렸다.

또 우리가 모르는 수많은 사람들이 이 폭락에 베팅해 이들처럼 투기 거래를 했을 것이다. 하지만 이들 중 대다수는 영화 주인공들만큼의 운이 없었거나, 수년 간 천문학적인 손실을 감당할 자본이 부족했을 것이다. 조금만 버텼으면 영화 주인공이 될 수 있는 상황에서 파산해버려 세간의 시선에서 조용히 사라졌을 것이다. 당연히 누구도 이들의 스토리에는 관심이 없다.

혹 이 영화를 보고 이들의 판단력과 결단력, 인내심을 모범으로 투자하려는 사람이 있다면 하상욱 시인의 글귀 한 줄을 들려주고 싶다.

"성공한 사람의 인생은 성공한 후에 포장되어 평범한 사람의 인생을 망친다."

매매 타이밍 어떻게 잡나

매매 타이밍은 폭등 혹은 폭락을 예측하는 것보다 조금 더 단기적인 시각이 필요하다. 경기변동의 큰 흐름을 예측한 후 본인 형편에 맞는 매수 혹은 매도 타이밍을 잡아야 하는 것이다. 이 매수 매도 타이밍을 하나의 비법으로 요약할 수는 없다. 우선 대상이 다양하다. 아파트와 오피스텔, 빌라와 단독주택은 주거용이라는 용도는 비슷하지만 가격 등락이 전혀 다른 움직임을 보인다. 상업용 부동산도 단지 내 상가와 테마 상가, 건물도 속칭 꼬마빌딩과 프라임급 오피스빌딩의 가격 등락 결정 요소가 각각 다른 경우가 많다.

그렇다면 부동산은 그냥 감으로 사고 파는 것인가? 꼭 그렇지는 않다. 부동산 투자 경험이 풍부한 사람들은 각자 자기 나름대로의 감이 있지만 순전히 감각에 의지하는 것은 아니다. 각자 본인 경험을 통해 검증된 몇 가지 지표를 분석해 나름의 감을 잡는 것이다.

본인에 맞는 몇 가지 지표라는 것 역시 각자가 경험을 통해 찾아내는 것이다. 왜냐하면 부동산 투자란 건 지역별 특색이 뚜렷한 로컬 비즈니스고, 앞서 얘기한 것처럼 투자 대상별로 그 가격 움직임을 결정하는 요소가 조금씩 다르기 때문이다.

그렇기 때문에 한 번 본인이 성공을 맛 본 지역과 대상을 고집하는 경우가 많다. 쉽게 말해 수도권 변두리 다세대 투자를 통해 돈을 번 사람은 계속 다세대 투자를 고집하고, 재건축으로 큰 돈을 만진 사람은 인근 지역 재건축으로 눈을 돌린다. 나 역시 한 때 수도권 택지지구 LH공사나 SH공사 분양상가로 재미를 본 후 한동안 상가투자에 몰두한 적이 있다.

작은 투자라도 본인의 판단으로 성공을 맛 본 사람은 해당 부동산 타입에 대한 가격결정 요소에 대해 나름의 이해가 생긴 것이고, 본인이 이해한 요소를 활용할 수 있는 투자대상을 찾아나서는 것이 당연하다.

그 동안 투자활동을 하며 판단의 근거로 삼았던 몇 가지 기준을 소개한다. 물론 이 지표를 모델링화하여 수치를 대입하면 특정 지역 특정 부동산에 대한 매수 매도 권고가 나오도록 프로그램화하지는 않았다. 주식이나 채권 시장에는 그런 프로그램이 존재하고, 기관투자가들의 강력한 도구로 쓰이고 있다. 하지만 부동산시장은 전술한 대로 투자 대상 별 가격 결정 요소들이 워낙 다양하고, 그 각각의 거래빈도가 높지 않아 별도 프로그램화할 정도로 규모의 경제가 나오지 않는다.

나 역시 기준을 참고하되 매수 매도 타이밍은 분석에 근거한 감을 통해 잡는다. 분석 결과를 심사 숙고하며 신문기사를 읽고 한국은행과 KDI, 부동산 감정원과 기타 경제연구소에서 나오는 통계자료, 경기동향과 부동산 관련 리서치를 주기적으로 탐독하며 트렌드에 대한 감을 잡고 의사결정하는 것이다.

난 그 동안 강남권 재건축을 시작으로 신도시 소형 아파트, 뉴타운 빌라, 수도권 보금자리 미분양 아파트, 택지지구 상가, 오피스텔, 강남 중대형 아파트와 경기도 토지까지 다양한 물건을 대상으로 투자해왔지만 단 한 번도 손실을 본 적이 없다. 보유 기간에 따라 다르지만 최소 1.5배에서 2~3배 이상 차익을 봐왔다. 가장 실패한 사례가 2008년 금융위기 당시 유동성 확보와 리스크 회피 차원에서 비 핵심 지역의 자산 일부를 처음 목표 가격보다 훨씬 아래에 처분한 것이다. 물론 취득세와 중개비까지 포함한 투자원금보다는 2,000~3,000만 원이라도 높은 가격에 처분했기에 기회비용을 포함해도 손실을 보진 않았다.

지금부터는 우리나라의 주거용 부동산시장에서 참고해야 하는 기준을 그 중요도 순서대로 설명할 것이다.

공급물량

나이가 깡패라는 말이 있지 않은가. 부동산시장에서는 공급물량이 깡패다. 공급물량이 모든 것을 결정한다. 가격은 경제학의 기본 원리인 '수요와 공급'에 따라 결정이 된다. 부동산도 마찬가지로 수요–공급곡선을 그릴 수 있다면 가격을 간단하게 도출할 수 있을 것이다.

그렇다면 왜 수요가 아닌 공급을 봐야 하는가? 간단히 말해 수요를 예측할 만한 신뢰도 높은 방법이 없기 때문이다. 역대 정권들은 부동산 침체기에 수요를 진작하기 위해 갖은 노력을 해왔다. 취득세를 깎아주기도 하고 가끔은 양도소득세 면제라는 특단의 조치를 취하기도 했다. 신혼부부와 저소득층에게 특별 공급을 하기도 하고 생애최초 구입자에게는 금리를 깎아주기도 한다.

그렇다면 이런 방법으로 진작된 수요를 예측할 만한 방법이 있는가? 국가기관이나 공신력 있는 민간연구소 등을 통해 나오는 데이터를 가지고 분석할 만한 방법이 있을까? 결론은 '없다'다.

국가 전체적으로는 이러한 수요 촉진책을 가지고 '거래량이 얼마쯤 늘었다' 혹은 '신혼부부 자가구입률이 얼마가 늘었다' 등 정책결과를 판단할 자료를 만들 수 있을 것이다. 하지만 우리에게 필요한 데이터는 '내가 보는 지역의 저 아파트에 수요가 몰릴까'인데 그런 지역적 수요에 대한 데이터는 구할 수도 만들 수도 없다.

주택은 대다수의 사람에게는 전 재산 혹은 전 재산을 넘어서는 (많은 경우 대출을 끼므로 주택 가격은 전 재산의 몇 배에 달하는 경우도 많다) 큰 금액이고 일평생 몇 번 하지 않는 의사결정이므로 신중에 신중을 거듭한다. 정부에서 그깟 세금 몇 푼 깎아주고 금리 좀 할인해준다고 덥석 사지는 않는다는 것이다.

어떤 사람들에게는 '정부에서 정말 유리한 혜택을 제공한다'고 보이는 유인책도, 다른 어떤 사람들에겐 별 쓸모 없을 수 있다. 내가 위례신도시 아파트에 투자했을 당시에는 그 가격이 너무나 싸 보였고 양도소득세 면제라는 생각지도 않은 혜택까지 주어지니 매수를 꺼릴 이유가 없었다. 하지만 시장의 많은 사람들은 그렇게 생각하지 않았고 결국 미분양이 났다. 정부에서 아무리 좋은 수요 촉진책을 내놓는다 해도 반드시 100% 의도한 대로 되는 건 아니다.

수요라는 측면에서 보면 너무 많은 다양한 옵션이 존재하기 때문이다. 가장 처음으로 고려하는 옵션은 '집을 사지 않는 것'이다. 집을 사지 않아도 길에 나앉을 필요는 없다. 전세라는, 특이하지만 수요자에게는 때에 따라 매우 요긴한 제도가 있기 때문이다.

수요 측면에서 월세와 전세는 전혀 다른 의미를 갖는다. 월세는 쉽게 말해 집을 살 돈이 없는 사람들이 주로 이용하므로 수요와는 별 상관이 없다. 하지만 전세가가 매매가의 최저 절반, 최고 80~90%에 육박하는 상황에서 전세는 집을 살 돈이 충분히 있는 계층이 주택 구입 대신 택할 수 있는 좋은 옵션이 된다.

집을 살 자금이 충분히 있는 수요자 입장에서 전세는 일종의 풋옵션을 매수하는 것과 비슷하다. 장래 가격 하락이 우려되는 상황에서 혹시 있을 수 있는 가격 상승에 대한 프리미엄을 포기하고 손실을 회피하는 것이다. 해석의 여지가 있을 수 있으나 가격이 하락할 경우 전세입자의 프리미엄은 '회피한 잠재손실'이 될 것이다.

또한 주택을 매수하는 결정을 하더라도 불경기에는 구매자 우위의 시

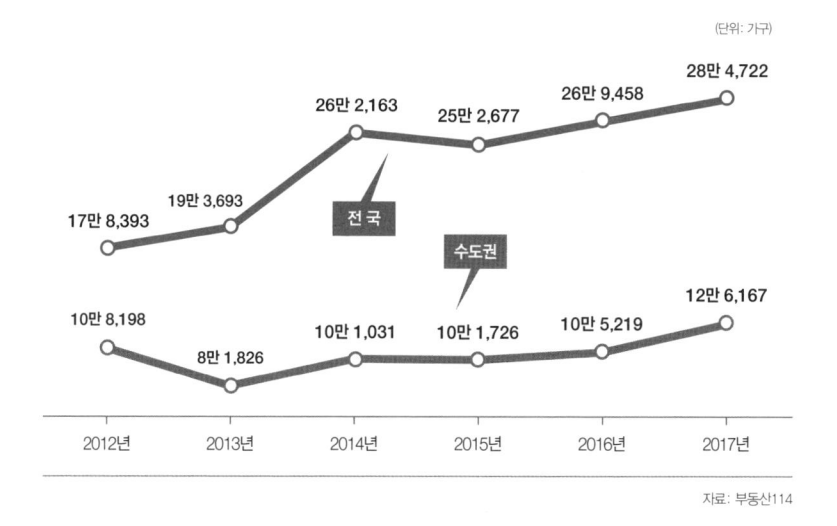

(단위: 가구)

28만 4,722

26만 2,163   25만 2,677   26만 9,458

17만 8,393   19만 3,693

전국

수도권

10만 8,198   10만 1,031   10만 1,726   10만 5,219   12만 6,167

8만 1,826

2012년   2013년   2014년   2015년   2016년   2017년

자료: 부동산114

장이 형성돼 선택지가 많아지고 그만큼 특정 지역에 대한 수요를 예측하기 더욱 어려워진다.

반면 공급은 아주 간단하다. 아파트만 놓고 보면 '인허가-분양-착공-준공-입주'라는 단계를 거치고 이 모든 과정은 지역별로 일목요연하게 수치화되어 일반에 공개된다. 이 자료는 분석을 할 필요도 없이 대중에 공개된 자료라 조금만 발품을 팔면 어렵지 않게 입수할 수 있다. 아니 지금은 인터넷으로 정보를 검색할 수 있으니 그냥 책상에 앉아 손품만 좀 팔면 다 입수할 수 있다.

그렇다면 이 공급이 정말 가격에 큰 영향을 미칠까? 이미 대한민국 부동산시장에서 고전이 되었지만, 앞으로도 두고두고 회자될 사례가 있다. 바로 노태우 정부의 주택 200만 호 공급정책이다.

노태우 정부가 취임한 시기는 1988년 서울올림픽 이후 소위 말하는 '3 저 호황'으로 전국이 들썩일 때였다. 아무도 취업 걱정을 하지 않았고 대학생들은 일 주일에 두 번, 두 시간씩 과외를 하고 한 달 30만 원을 받았다. 지금으로부터 25년 전에 30만 원이다. 당시 대학생들은 과외 두세 탕을 뛰고 한 달에 100만 원 가까이 벌어 등록금과 생활비를 충족하고도 차를 뽑아 몰고 다녔다. 아마 지금 물가로는 500만 원 이상 번 셈일 것이다.

취업은 대학교 4학년 1학기 때 확정해놓고도 계속 면접을 다녔다. 보통 3만 원씩 주는 면접비를 받기 위해서였다. 다시 말하지만 1990년대 초반 3만 원이다. 지금으로 치면 면접 한번 가면 15만 원쯤 주는 셈이고 그런 면접 기회가 널려 있어 술값 번다고 면접을 다니던 시절이었다.

그렇게 나라 전체에 돈이 돌던 시기니 집값이 가만 있을 리 없었다. 노태우 대통령이 취임하던 1988년에는 전국 평균 13%가 오르더니 집권 3 년차인 1990년에는 무려 25%가 올랐다. 전국 평균이 이 정도이니 핵심 지역은 자고 나면 두 배로 올랐다는 말이 실감날 정도로 집값이 무섭게 뛰던 시절이었다.

그 때나 지금이나 대한민국 정부의 핵심 과제는 집값 안정이다. 특히나 군사정권이 종식되고 32년 만에 치러진 직접선거에서 당선된 노태우 정권은 그 뿌리가 전두환과 함께 쿠데타를 일으킨 군사정권으로 정통성과 지지기반이 매우 취약한 상황이었다. 더구나 쿠데타 후 장기집권을 꿈꿨던 전두환 전 대통령은 넥타이부대라는 말을 탄생시킨 1987년 6월 항쟁으로 물러나고도 결국 한 때 친구이자 쿠데타 동지였던 후임 노태우 전 대통령의 손에 잡혀가야 했을 정도로 당시 민심은 정권에 우호적이지 않았다.

이처럼 지지기반이 취약한 상황에서 급등한 집값은 마침 불과 3년 전 정권을 무너뜨린 주역인 넥타이부대들의 민심을 동요시켰다. '집값 좀 올랐다고 시민들이 데모해서 정권을 무너뜨리겠어?'는 지금이나 할 수 있는 생각이다. 당시 집값 상승에서 소외되고 상대적인 박탈감에 시달리던 샐러리맨 서민들이 바로 '데모를 통해 서슬 퍼렇던 군사독재를 끝냈던' 바로 그 사람들인 것이다. 그리고 이들의 불만이 고조되고 있었다.

결국 이런 상황에서 노태우 정권은 이들의 불만을 잠재우기 위해 1989년 분양가 상한제라는 반 시장적 제도까지 도입했으나 별다른 효과를 보지 못하자, 곧 주택 200만 호 건설이라는 특단의 조치를 내렸다. 이게 어느 정도 물량이냐 하면, 당시 전국 주택수가 700만 호 정도 되었는데 이것의 약 1/3 정도 되는 물량을 불과 5~6년 만에 공급하겠다는 것이었다.

2016년 기준으로 전국 주택수가 약 1,800만 호 정도 되는데 지금으로 치면 600만 호를 한꺼번에 공급하는 것으로 이해하면 된다. 최근 전국의 아파트 입주물량은 연 평균 30만 호 정도 된다. 얼마전 유행하던 '2018년 폭락설'의 주된 근거가 공급과잉이고, 이 과잉물량이란 게 약 40만 호 정도다. 느낌이 오는가? 국토교통부가 추산한 현재 적정 신규공급 물

(단위: %)

구분	노태우 (1988~1993)	김영삼 (1993~1998)	김대중 (1998~2003)	노무현 (2003~2008)	이명박 (2008~2013)	박근혜 (2013~2017.2)
전국	70	3	38	34	16	10
서울	71	2	60	56	−3	10

자료: KB국민은행

량이 연간 26만 호다.

지역을 특정 지으면 그 효과는 더 어마어마하다. 200만 호 중 절반 이상이 분당, 일산, 산본 등 수도권 1기 신도시에 공급되었기 때문이다. 그 효과는 바로 나타났다. 단군 이래 최대라던 그 호경기에 대한민국 집값은 거짓말처럼 잠잠해졌다.

사실 1989~1990년 급등한 집값에 놀라 부랴부랴 마련한 200만 호 건설 정책은 정작 입안당사자인 노태우 정부보다 다음 정권인 김영삼 정부 시절에 그 효과가 나타났다. 논밭을 메워 신도시 기반시설부터 조성해야 했으니 통상적인 아파트 건설보다 시간이 더 오래 걸린 것이다.

1988년 서울올림픽 이후 5년간 70%가 급등한 노태우 정부 시절에 비해 200만 호 건설 효과가 나타난 김영삼 정부 5년 동안 전국 집값 상승률은 3%에 불과했고 신도시 건설의 영향을 직접 받은 서울은 5년간 겨우 2% 상승에 그쳤다. 이처럼 금리고 경기고 상관없이 공급이 얼마나 집값에 영향을 줄 수 있는지에 대한 고전적인 사례가 바로 노태우 정부의 주택 200만 호 공급정책이었다.

너무 극단적인 예가 아닐까? 그럴 수도 있다. 노태우 정부의 주택 200만 호 공급정책은 그 경제적 파급효과를 두고 아직까지 다양한 견해가 존재하는 정책이다. 경제적 효과는 둘째 치더라도 건축자재가 동이나 씻지도 않은 바다모래를 퍼다가 아파트를 지어야 할 정도로 현실적인 무리가 있는 정책이었지만, 6월 항쟁 후 불과 3년이 지난 당시에는 정권의 사활을 걸고 밀어붙일 수밖에 없는 정책이었다.

다시 찬찬히 최근 10년간을 돌아보자. 이 정도의 무리수는 아니었지만 노무현 정부의 지방 혁신도시 건설, 이명박 정부의 뉴타운과 보금자리 주택, 비록 정권이 단명하는 바람에 시장에 큰 영향은 못 미치고 사라질 위기에 놓인 박근혜 정부의 행복주택과 뉴스테이 등 정권 별로 그 추구하는 방향에 따라 특정 지역에 공급과잉(그리고 필연적으로 다른 지역에는 공급 부족)을 야기하는 정책들이 끊이지 않고 있다. 이런 정책에 따른 공급의 증감만 잘 모니터링해도 지역별 가격의 증감을 어느 정도 예측할 수가 있다.

다시 현재로 돌아와 보자. 200만 호 건설처럼 전국을 강타할 매머드급 공급정책은 더 이상 없다고 가정하자. 그래도 지역별로 공급 물량 증감에 따른 가격변동은 여전히 존재한다. 특히 재건축 단지의 경우 그 영향이 더 심하다. 물론 중앙정부와 지자체 모두 인근 지역 전세난과 건설 수급 등을 이유로 인접 지역의 재건축 시기를 조절하려고는 하고 있다. 하지만 정부의 재건축 관련 규제가 시기별로 온탕 냉탕을 오가다 보니 개별 단지 입장에서는 특정 타이밍을 놓치면 다음 정부까지 혹은 그 다음 정부까지 기다려야 할지도 모른다. 그러니 다들 재건축의 좁은 문이 열렸을 때 사활을 걸고 추진하게 되는 것이다.

지역별로 입주물량이 몰렸다고 해서 매매가가 반드시 하락하는 것은 아니다. 입주가 마무리되고 정상화되면 오히려 주변 일대가 새 아파트촌으로 자리잡게 되어 동반 상승효과가 나타나기도 한다. 부동산 투자는 중장기로 보는 사람이 많은 만큼 집주인들은 이 정도는 견디고 버티려는 사람들이 많다.

반면 임대 시장은 장기적인 집값과는 상관없이 당장의 공급에 영향을 받는다. 2008년경 잠실의 사례에서 알 수 있듯, 집주인들이 임차인을 찾지 못하고 전세금이 수직 하락하는 역전세난을 심심찮게 볼 수가 있다.

하지만 단기간에 입주가 몰리게 되면 매수자 우위의 시장이 전개되는 것은 사실이다. 시세는 별로 떨어지지 않은 것으로 나오지만 실거래의 경우 시세보다 낮은 가격에 거래되는 급매물이 나온다. 워낙 많은 세대수가 몰리다 보니 잔금을 앞두고 각각의 사정에 따라 꼭 처분해야 하는 사람들이 나오기 때문이다.

사실 이렇게 입주물량이 몰리면 입주예정단지도 물량 압박을 받지만 인근 단지에 더 큰 영향을 준다. 가급적이면 새 아파트, 언론에 많이 노출되는 신규단지로 수요가 몰리기 때문이다. 그래서 입주물량이 모이는 지역이라면 그 인근 기존주택의 급매를 찾아보는 것이 좋을 수도 있다.

부동산시장에서 수요보다 공급이 중요하다는 주장은 결코 아니다. 특정 시기에 특정 지역에 대한 수요의 변화를 예측할 만한 신뢰도 높은 방법이 있다면 아마 부동산 거부가 될 수 있는 지름길일 것이다. 다만 그 수요예측은 전국적인 단일 품목, 예를 들면 '코카콜라에 대한 계절별 수요예측'에 비해 그 난도와 복잡성이 지극히 높다. 그러니 막상 엄청난 시간과 비용을 들여 그 수요예측 모델을 개발해도 지역별, 형태별로 모델이 다 다를 수밖에 없어 규모의 경제가 나오지 않기 때문에 존재하지 않는 것뿐이다.

반면 공급은 수요에 비해 예측할 필요도 없이 지역별로 향후 몇 년간 입주예정 물량까지 손쉽게 구할 수 있다. 때문에 개인적인 투자 차원에서라면 굳이 맞는다는 보장도 없는 수요예측 모델을 개발하기보다 공급 측면을 주의 깊게 관찰하는 것이 보다 효율적인 분석방법이라는 말이다.

주가와 GDP

주가는 '반드시'라고 해도 좋을 만큼 부동산시장과 연관성이 높다. 주식으로 돈을 번 사람들이 이익실현 후 집을 산다고 하는 부동산시장의 확인되지 않은 해석도 있지만, 더 정확한 이유는 주가가 경기에 선행하기 때문이다.

일반적으로 주가는 부동산시장에 1~2년 정도 선행한다는 것이 기존의 경험치였는데 최근 동조화되고 있다는 주장도 있다. 사실 코스피와 부동산 가격과의 상관관계는 그 역사가 일천해 (1980년대 이후 부동산 대세 상승과 대세 하락이 각각 몇 번이나 있었겠는가) 이를 학술적으로 분석한 자료는

비슷한 궤적 보이는 주택가격과 주가

(단위: %, 전년 대비)

KOSPI(왼쪽)
주택가격(오른쪽)

출처: 메리츠종금증권 리서치센터

통계적으로 유의미하다고 보기 힘들다.

다만 미국의 연구자료를 보면 대개 유의미한 양의 상관관계를 갖는다고 나와 있고, 우리나라도 주가가 오르면 부동산 역시 따라서 오른다는 경험치를 갖고 있을 뿐이다.

사실 2000년대 초반 부동산 대세 상승 당시도 코스피의 상승이 먼저 이루어졌다. 2008년의 폭락도, 그 이후 2013년 저점을 치고 반등한 부동산시장의 상승장도 코스피가 먼저 움직였다. 따라서 코스피의 상승이 유동성 장세이든 경기의 선반영이든 어떤 요인이든 간에 부동산시장의 상승을 이끌어낸다고 보는 것이 타당하다.

그렇다면 GDP와 부동산시장의 상관관계는 어떨까? 얼핏 생각하면

│ 달러표시 GDP와 원화표시 GDP 차이

(달러)
28,000
26,000
24,000
22,000
20,000
18,000
16,000
14,000
12,000
10,000
8,000
6,000
4,000
2,000
0

— 1인당 국내총생산(명목, 달러표시)
— 1인당 국내총생산(명목, 원화표시)

집값 상승
집값 상승
집값 하락
집값 하락

(만원)
3,200
3,000
2,800
2,600
2,400
2,200
2,000
1,800
1,600
1,400
1,200
1,000
800
600
400
200
0

1980 1983 1986 1989 1992 1995 1998 2001 2004 2007 2010 2013 2016

출처: 한국은행 경제통계시스템

가장 연관성이 높을 것 같은 이 두 가지 지표가 적어도 원화표시 GDP
의 경우 실제로는 아무 관련이 없는 것으로 나왔다. 반면 달러로 표시한
GDP는 부동산시장의 등락을 비교적 정확히 예측하고 있다.

위 그래프를 보면 1990년 이래 대한민국의 GDP는 원화 기준으로는
등락 없이 증가하는 것으로 나오지만 달러로 환산했을 때는 1990년대
후반 외환위기 때와 2008년 금융위기 때 폭락하였고 이는 어김없이 부
동산시장의 폭락으로 이어졌다. 200만 호 건설 시절인 1990년대 초중반
을 제외하고는 달러 기준 GDP와 한국 부동산시장의 상관관계가 매우
높은 것으로 보인다.

다만 이것이 환율에 따른 시각적인 영향인지, 혹은 달러 기준 GDP의

급락이 경제위기에 수반되는 현상이라 부동산시장의 폭락 역시 함께 나타나는 것인지에 대한 학술적인 연구가 뒷받침되어야 할 것으로 보인다. 어느 경우나 비록 그것이 인과관계Causality는 아니더라도 뚜렷한 양의 상관관계Correlation가 있는 것은 분명하므로 부동산 투자에 충분히 참고할 만하다.

금리

앞서 언급한 바와 같이 금리가 수익성 부동산 수익률에 주는 영향은 사람들의 생각만큼 크지는 않다. 다만 생각만큼 크지 않은 것일 뿐 분명히 상관관계가 있는 것으로 입증이 되었다. 즉 금리가 부동산 가격에 절대적인 영향을 주진 않지만 유의미한 지표임에는 틀림이 없다. 그렇다면 어느 정도 영향이 있을까?

다음 페이지 그래프를 보자. 금리 변동 그래프에 집값 변동 상황을 표시해 보았다. 상관관계가 높은가? 낮은가? 아리송해 보인다. 최근의 사례를 보면 한국은행이 2012년부터 급속히 기준금리를 내리기 시작했고 부동산시장은 2013년 바닥을 치고 반등에 성공했다. 이번 사례만 놓고 보면 금리를 내리면 집값이 올랐으니, 금리를 올리면 집값이 떨어질 것 같다.

2000년 이후 급등하던 부동산이 잠시 쉬었다가 다시 상승을 시작한 2004년으로 돌아가보자. 2004년부터 2007년까지 집값이 오른 이유는

❙ 한국은행 기준금리와 집값의 관계

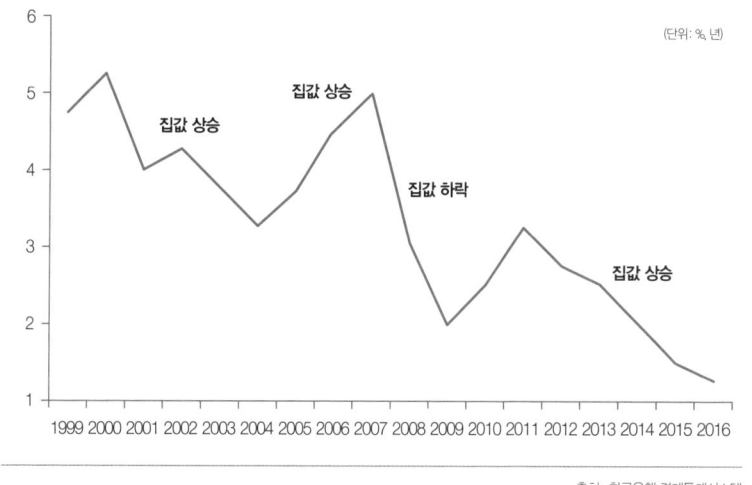

(단위: %, 년)

집값 상승

집값 상승

집값 상승

집값 하락

집값 상승

1999 2000 2001 2002 2003 2004 2005 2006 2007 2008 2009 2010 2011 2012 2013 2014 2015 2016

출처: 한국은행 경제통계시스템

'금리가 떨어져서'인가? 그렇지 않다. 그 반대였다. 2004년 3.25%를 시작으로 한국은행은 금리를 지속적으로 올리기 시작해 부동산시장이 정점에 달한 2007년에는 기준금리가 5%에 달했지만 이 기간 동안 부동산은 폭등에 폭등을 거듭했다.

정작 부동산시장이 정점에 달한 2007년부터 2009년까지는 역시 금리를 큰 폭으로 내렸지만 집값은 잘 알다시피 곤두박질쳤다. 이쯤 되면 '금리를 내리면 집값이 오르고 금리를 올리면 집값이 내린다'는 말과 달리 금리와 집값은 도무지 관련이 없어 보인다.

'사실 금리를 내리면 집값이 오르고 금리를 올리면 집값이 내린다'는 미국에서 나온 말이다. 그리고 미국에서 그런 말이 나온 배경에는 우리

보다 먼저 정착한 모기지 제도가 있기 때문이다. 요즘에는 한국에서도 대출을 끼고 집을 사는 경우가 많다. 대출을 끼는 비중만 놓고 보면 미국과 비슷할 수도 있으나 이를 받아들이고 해석하는 사람 마음에 근본적인 차이가 있다.

미국은 보통 졸업 후 취업하면 월세 아파트에 살면서 열심히 저축해 집값의 약 20% 정도가 모이면 이를 계약금Down Payment으로 내고 나머지 80%를 대출 받아 보통 15년에서 30년 동안 매월 상환한다(물론 30년 다 이자를 내는 경우는 거의 없고 대개 중도상환을 하거나 더 큰 집으로 이사를 간다).

이 때 사람들이 머리 속에 제일 먼저 떠오르는 수치는 '내가 매월 얼마씩 갚아야 하는가'다. 쉽게 말해 내가 그 동안 매월 2,000달러씩 월세를 내왔고 3,000달러까지는 매월 원리금 상환을 할 수 있는데, 지금 이 금리에 이 집을 사면 매월 3,000달러로 충분한지를 따지는 것이다.

이 경우 집값도 중요하지만 모기지 금리가 더 중요한 요소로 작용한다. 실제 이들에게 중요한 요소는 명목상의 집값보다 내가 매월 내야 하는 원리금의 금액인 것이다. 그렇기 때문에 요즘은 우리나라에도 대출모집인이 있긴 하지만 미국은 여러 금융기관의 모기지론을 비교 분석해 주택 구매자에게 가장 적합한 대출 상품을 찾아주는 모기지 브로커가 부동산 중개사만큼이나 성업 중이다. 주택 구매자의 직업이나 나이, 신용도 등에 따라 보다 유리한 조건을 제공하는 금융기관이 다르기 때문이다.

따라서 금리가 오르면 같은 금액의 주택이라도 내가 매월 내야 하는 원리금이 커진다. 집값이 오르고 내리고도 물론 중요하겠지만, 미국의 주택 구매자들에겐 '내가 매월 이 원리금을 감당할 수 있느냐'가 더욱 중요하다. 결과적으로 금리가 오르게 되면 주택구입 여력이 줄어들고 부동산 가격이 떨어지는 것이다.

여담이지만 미국에 사는 한국 교포들 중에 모기지 브로커를 하는 사람이 많다. 이 모기지 브로커라는 것이 굳이 대학졸업장을 필요로 하는 고학력 직업은 아니지만 숫자에 대한 감각이 필요한데 십진법을 쓰는 언어 체계상 한국 교포들이 같은 학력의 미국인들보다 산수에 능하기 때문이다.

또한 리얼터Realtor라 부르는 부동산 중개인보다 '모기지 브로커'라고 하면 금융업에 종사하는 것처럼 보이는 것도 하나의 이유라고 할 수 있다. 실제로 모기지 브로커를 하는 많은 교포들이 한국사람을 만나거나 한국에 오면 금융인이라고 하거나 은행에 다닌다고 소개하는 경우도 많다.

이처럼 주택을 구입할 때 원리금 월 상환액을 월세와 같은 개념으로 받아들이고 먼저 계산하는 미국과 달리, 우리나라는 아직 집값의 등락을 먼저 판단하고 월 상환액은 조금 넉넉하게 계산하는 경우가 많다. 즉 집값의 20%만 마련되면 80%를 대출받는 것이 아니라 보통 30%, 많아야 50% 정도만 받는 경우가 많다.

주택을 살 때 모기지론을 받는 사람의 비율도 미국보다 적고 실제 이렇게 월 상환액을 턱밑까지 차도록 잡은 사람이 드물다 보니 금리가 올라도 당장 나한테 피부로 와 닿는 부담이 상대적으로 적다. 그러다 보니 금리가 조금 오른다고 바로 집값 하락으로 이어지지는 않는다. 반대로 금리가 조금 낮아진다고 해도 월 상환액이 줄었다며 바로 집을 사려 하지는 않는 것이다.

금융위기로 주택시장이 불황에 빠지자 한국은행은 2008년 5.25%로 정점을 찍은 금리를 2009년 2%까지 급속하게 내린 바 있다. 하지만 주택시장은 2009년 잠깐 반등하는가 싶더니 다시 긴 하락세를 보이기 시작했다.

결론적으로 한국 주택시장은 정상범위 안에서의 금리 등락에는 별 영향을 받지 않는다. 대출 레버리지가 높아 금리 변동에 대한 민감도가 상당히 높은 미국 주택시장은 약간의 금리 오르내림에도 영향을 크게 받지만, 레버리지가 낮은 한국 주택시장의 경우 정상범위 내의 금리 등락은 가계내부에서 그 충격을 흡수할 여력이 충분하기 때문이다.

'한국의 가계부채 비율이 높다'고 하지만 이는 우물 안 개구리 시각이다. 미국의 대출비중 80%는 그야말로 일반적인 경우이고 부동산 경기가 좀 좋아진다 싶으면 90%, 95%, 심지어는 105%까지 대출을 해준다. 집값이 오른다는 전제로 현재 집값 이상을 빌려주는 것이다. 2008년 금융위기로 많이 자취를 감추었던 이런 '노 디파짓 론No Deposit Loan(본인 부담금 없이 전액 대출로 집을 산다는 표현)'은 미국 부동산시장이 반등하면서 다시금 유행하고 있다.

미국은 이렇게 금리 변동에 민감할 수밖에 없는 반면 한국은 LTV Loan to Value(주택가격 대비 부채비율)을 엄격히 관리한다. 현재도 미국의 일반

연도별 한국의 LTV 규제

일시	규제 내용
2002년 9월	투기과열지구 60%로 제한
2002년 10월	전국 60%로 제한
2003년 10월	투기지역 아파트 40%로 제한
2009년 7월	수도권 50%로 제한
2014년 8월	전국 70%로 완화
2017년 6월	서울, 세종, 부산, 경기 일부 60%로 강화
미국	규제 없음 (70~80%가 일반적)

적 기준인 80%보다 한참 낮은 60%로 규제하고 있고, 참여정부 시절에는 40%까지 낮춘 적도 있었다. 이러니 정상범위 내의 금리 등락에는 상대적으로 덜 민감하게 반응할 수밖에 없다. 즉 한국 주택시장에 영향을 주기 위해서는 금리를 아주 높게 올리거나 아주 낮게 내려야 한다.

2004년 이후 금리 인상은 인상 폭으로 보면 매우 급격하나 부동산시장이 정점에 다른 2006년 기준금리의 절대치는 '불과' 4.5%였다. 물론 낮은 금리는 아니지만 다른 요인으로 시장 상승에 대한 기대감을 잠재우기에는 낮은 수치였다. 부동산시장은 기준금리가 5%를 상회, 즉 시장 금리가 6% 중반까지 치솟은 후에야 냉각이 되었고 이후 2008년 전 세계를 휩쓴 금융위기에 폭락하게 된다. 실제 2007년 상승세가 멈춘 가장 큰 이유는 높은 금리가 아니라 강화된 DTI 규제 때문이었다.

2012년 이후의 금리 인하도 마찬가지다. 효과가 없었던 2009년 금리 인하 때와 비슷한 2% 내외로 금리가 낮아졌으나 절대 금리의 수준이 달랐다. 선진국처럼 제로금리 혹은 마이너스 금리까지는 가지 않았지만 대한민국 역사상 유래가 없는 1% 초반의 기준금리가 등장하였다. 이에 따라 주택담보대출 금리는 고정금리도 2% 후반 대에 제공되고 변동금리는 2% 초반 대까지 가능해졌다. 이렇듯 초저금리 시대가 시작되자 부동산 시장이 그제서야 반응을 하기 시작했다. 주택담보대출에 의존하는 실수요자들뿐 아니라 투자자들도 은행에 예금해봐야 이자를 1%만 주니 리스크를 감수하고서라도 부동산에 투자하는 사람이 늘기 시작했다.

많은 사람들이 "지금 금리가 인상되면 부동산시장이 하락할 것"이라고 말을 하지만 그렇지 않을 것이다. 지금 한국은행이나 미국 연준이 얘기하는 것은 정확히 말해 금리의 '정상화'이지 2006년 같은 급격한 금리 인상이 아니기 때문이다.

전술한 대로 미국 주택시장은 약간의 영향을 받을 수도 있으나, 한국 주택시장은 그 정도의 금리 정상화로는 하락하지 않을 것이다. 금리 인상으로 집값이 폭락하는 사태는 경기가 과열되고 물가가 급속히 뛰어 한국은행이 적극적으로 금리 인상에 나서는 상황이 오기 전까지는 발생하지 않을 것이다. 물론 언젠가는 그런 날이 오겠지만 현재 시점에서는 요원한 일이다.

대체비용 계산하기

특정 부동산이 적정가격인가, 고평가 혹은 저평가되었는가 감을 잡는 방법 중 하나가 '대체비용'을 계산해 보는 것이다. 해당 아파트의 대지지분에 토지가격을 곱하고 건축비를 대략이나마 추산해보면 그 대체비용이 나온다. 사실 이 방식은 '원가방식'이라고 해서 부동산 감정평가에서 사용하는 감정평가 방법 중 하나이기도 하다.

나 역시 처음 부동산 투자를 할 때 이 방법을 사용해 의사결정을 했다. 2004년 말 당시 매수했던 가락시영 1차 13평의 가격은 2억 8,500만 원이었고 대지지분은 약 15평 정도였다. 평당 약 1,900만 원 선인 것이다. 2004년 당시 송파구 가락동 일대 2종 일반주거 대지의 가격은 얼마였을까? 약 1,500~2,000만 원 선이었다. 재건축 아파트이니만큼 건물가격은 무시해도 토지가격 만으로도 더 이상 떨어질 수 없는 하한선까지 내려온 것이다.

더욱이 가락시영은 개별필지가 아닌 재건축 후 9,000세대가 넘는 역세권 대단지의 장점과 함께, 당시 정부에서 재건축 시장을 억누르기 위해 무리하게 2종으로 용도지역을 재지정한 만큼 정권이 바뀌면 원래 용도지역인 3종으로 재상향될 것이라는 기대감도 있었다. 실제로 나중에 3종으로 원위치되었다.

외환위기 극복 이후 상승하던 부동산은 2004년 정부의 부동산 억제책과 함께 소강상태에 접어들었다. 가락시영을 매입한 2004년 말 부동산시장은 꽁꽁 얼어붙어 있었다. 나중에 돌아보니 2004년 말이 단기저점이었고 2005년 초부터 반등했다는 것이지, 그 당시에는 그게 저점인지 혹은 1층 밑에 지하실이 있는지 확신할 수 없는 상황이었다.

당시 매입을 결심하게 된 것도 '지금이 저점'이라는 생각보다, '대체비용을 계산해보니 잠시 가격이 더 내려갈 순 있어도 이 이상은 떨어지지 않을 것'이라는 확신이 있었기 때문이다. 즉 기간 리스크는 어느 정도 감수하더라도 가격 리스크는 없다고 판단한 것이다. 돌아보니 혼자 최저점에 샀다는 것은 그 시점을 귀신같이 맞췄다기보다 운이 따랐다고 할 수밖에 없는 것이다.

물론 이런 방식에도 단점은 있다. 나 홀로 소유한 토지가 아니기 때문에 재산권 행사에 제한이 있고(경매로 시골 임야의 지분을 매입한다고 생각해보자), 기간 리스크가 분명히 존재한다. 하지만 진짜 국가 경제가 흔들리는 대란이 일어나기 전까지 지가는 어느 정도 하방 경직성을 갖는다는 것이고, 상승 가능성에 대한 기대가 눈에 보이는 상황에서 그냥 '이 동네에 땅 15평을 산다' 생각해도 최소한 손해 볼 일은 없다는 판단이었던 것이다.

관심 있는 지역의 용도지역별 토지가격을 대강 머리 속에 넣고 있으면 의사결정에 도움이 될 것이다. 당연히 시장이 그리 허술한 것은 아니라 토지가격에서 건축비와 감가상각을 뺀 비용이 현재 매매가와 터무니없이 차이 나는 경우는 흔하지 않다. 하지만 주식시장과 마찬가지로 부동산시장 역시 심리가 크게 작용하므로, 시장에 공포감이나 낙관론이 팽배한 시점일수록 이 괴리가 심심찮게 눈에 들어온다. 그리고 당장 차익을 얻을 기회는 눈에 안 띄더라도, 적어도 이 방법을 적용하면 '이 가격에 사서 손해는 보지 않을 것'이라는 확신을 얻을 수 있는 것이다.

입주 시점과 이사철

타이밍을 잡기 위해 고려해야 하는 요인들 중 앞서 말한 것들이 거시적인 내용이라면 입주 시점과 이사철은 미시적인 방법이라고 볼 수 있다.

2016년 잠깐 위례신도시에 거주한 경험이 있다. 6개월 정도 거주하다 매도하고 나왔다. 새 아파트고 골프장이 내려다보이는 좋은 전망이었지만 출퇴근이 문제였다. 을지로에 위치한 직장까지 가기 위해 매일 아침 복정역으로 차를 몰고 가서 환승주차장에 차를 세우고 다시 8호선과 2호선을 환승해 약 1시간 15분에 걸쳐 회사로 갔다.

그나마 환승주차장이 있어 망정이지 복정역까지도 버스를 이용했다면 편도 1시간 30분은 족히 걸렸을 것이다. 편의시설도 없어 장을 보려면 차를 몰고 한참 나가 문정동 가든파이브를 이용해야 했고 입주 초기라 독거싱글족에게 필수적인 배달음식도 선택의 폭이 제한적이었다.

이런 모든 불편함을 무릅쓰고 굳이 이사비용을 두 번 써가면서 6개월간 거주한 이유는 무엇 때문이었을까? 바로 수익을 극대화하기 위해서였다. 몇 번의 분양권 투자와 신규입주 과정을 통해 특히 신규 택지지구의 경우 입주 초기에는 주변 정비가 안 끝나고 편의시설도 부족해 전세가가 매우 낮게 형성이 되고, 이는 필연적으로 매매가를 억누른다는 것을 경험으로 배웠다.

그래서 비록 좀 불편하지만 입주가 마무리되는 시점이 지나고 가격이 안정화될 때까지 직접 입주해서 살기로 한 것이었다. 주변에서는 전세를 주면 되지 않느냐는 사람들도 있었지만 전세를 끼고 매매가 잘되는 건 부동산이 매우 호황기에 접어들었을 때나 가능한 일이다. 불황까지는 아니더라도 일반적인 경우 특히나 신도시 택지지구에 만기가 한참 남은 전세를 끼고 투자로 접근하는 사람은 매우 적다. 따라서 만기가 많이 남은 전세를 낀 매물은 정상입주 매물에 비해 최소 1,000~2,000만 원 싸게 거래가 되는 것이다.

그래서 소기의 목적은 거두었을까? 사실 국토부에서 대대적인 단속에 나설 만큼 위례신도시는 다운계약서가 횡행했던 곳이라 (그만큼 초기 시세 차익이 컸다는 반증이기도 하다) 국토부에서 발표하는 실거래가로는 잘 드러나지 않았다. 하지만 그곳에 거주하며 부동산 가격을 계속 확인해보니 입주 초기 동일한 층과 향과 평형대의 매물은 약 6억 원 중반에 거래가 되었다는 걸 알 수 있었고, 약 6개월을 거주한 후 7억 3,000만 원에 매도했다.

매수가격은 부대비용을 포함해 4억 원이었다. 입주 6개월 만에 팔았으니 양도소득세로 반을 내지 않느냐고? 부동산시장 침체기에 구입한 덕분에 양도소득세 비과세 물건(2013년 4.1 부동산 종합대책에서는 한시적으로 기존 주택 양도소득세를 면제한 바 있다)이었다. 전액 면세는 아니고 농특세는 붙기에 2,000만 원 대의 세금을 내고 매도했다. 4억 원을 투자해 6개월 살고 3억 원 벌어서 나온 것이다. 절대 금액으로는 그리 크지 않지만 투자 기간을 고려한 수익률로는 그 동안 투자했던 사례 중 최고의 수익률이었다.

다운계약서를 쓴 사람들 상당수는 이런 양도차익에 비해 몇 푼 안 되는 농특세라도 조금 아껴보겠다고 무리수를 쓰다가 과태료까지 물게 되었다. 실제 국토교통부 실거래가 사이트를 보면 이 단지의 입주 초기 실거래가는 최소 5,000만 원 이상 낮게 신고된 금액이 주를 이루었다. 그게 실거래가가 아니라고 확신하는 이유는 간혹 가다 정상금액으로 신고된 매물이 있기 때문이다.

결국 이런 도가 지나친 다운계약서 관행은 국토교통부가 대대적인 단속에 나서는 계기가 되었고 상당수 매도자와 부동산업소는 과태료 처분을 받았다. 세금은 절세하는 것이지 탈세하는 것이 아니다.

이사철 역시 매수 매도 금액에 작지 않은 차이를 보인다. 다시 위례 얘기로 돌아가자. 2016년 3월 입주한 후 7월에 매물로 내놓았다. 이곳을 매도하고 전세를 주었던 다른 집으로 입주해야 하는데 이사할 집의 전세 만기가 그 해 가을까지였고, 만기 전에라도 집을 비워주겠다는 통보를 받았다.

사실 덥고 비가 와 집 보러 다니는 사람이 드문 여름은 전통적인 비수기다. 적게는 수억 원에서 수십억 원 하는 집을 매매하는데, 고작 비 몇 방울과 더위에 영향을 받는다고? 얼핏 들으면 비합리적일 수 있으나 어김없는 사실이다.

매도하기 위해 공인중개사 몇 군데에 집을 내놓는 행위는 당연히 날씨에 별 영향을 받지 않는다. 하지만 집을 구입하는 사람 입장에선 선택지가 그 단지만 있는 것이 아니기 때문에 여러 단지를 돌아다니며 부동산을 여러 군데 방문하고 또 집을 보러 가고 하기 때문에 날씨에 영향을 많이 받는다. 수요-공급곡선에서 공급은 변동이 없는데 수요가 주는 것이다.

당시에도 이를 모르는 바는 아니었으나 솔직히 너무 불편해 빨리 떠나고 싶었다. 이미 양도 차익이 상당한 상황에서 '그까짓 돈 1,000만 원 덜 벌지' 하는 마음도 있었다. 처음에는 7억 2,000만 원에 부동산에 내놓았다. 역시 한창 비 오고 더운 비수기라 드문드문 보러 오는 사람들은 있었지만 막상 계약으로 이어지지는 않았다.

그렇게 한여름이 지나 점차 선선해지는 8월 말이 되자 오히려 가격을 1,000만 원 올려 7억 3,000만 원에 다시 내놓았다. 처음에 내놓은 7억 2,000만 원으로 알고 방문한 공인중개사에게는 "그건 여름 가격이었고, 이제 이사철이 되었으니 올렸다"고 하면 그들도 별 말이 없었다. 당연한 것이니 말이다.

여름에는 7억 2,000만 원에도 안 팔리던 집이었지만 선선해지자 1,000만 원을 올렸음에도 불구하고 바로 계약이 되었다. 사실 당시는 이사철이 막 시작된 시기였기에 더 기다렸으면 적어도 500만 원 정도는 더 받을 수 있었다. 실제 본격 이사철인 그 해 9월과 10월의 실거래가를 보면 층수도 많이 낮고 골프장 조망도 아닌 집이 내 매도가격보다 몇 백만 원 높게 거래되었다.

특정 지역의 특정 단지를 매수 혹은 매도하기로 마음 먹었다면 여건이 되는 한 매수는 최대한 이사철을 피해서 한여름과 한겨울의 비수기를 노려야 한다. 신규단지라면 입주시기가 좋다. 고가주택이 아니라도 최소한 1,000~2,000만 원은 싸게 매수할 수 있다. 집값에 비하면 적게 느껴지겠지만 절대 적은 금액이 아니다. 고가주택이라면 몇 천만 원은 쉽게 오갈 수도 있는 것이다. 실제 매매를 진행하다 보면 계약서를 앞에 두고 팽팽한 기 싸움이 오가다가 500만 원 차이로 몇 억짜리 계약이 깨지는 경우도 많다.

타이밍의 완성은 감

부동산 투자에 잔뼈가 굵은 사람들이라면 각자 경험에서 검증된 자기만의 지표가 있다. 비록 그것이 먹물냄새 진하게 풍기는 통계자료나 영어로 된 데이터가 아니더라도 자신의 경험을 통해 검증된 지표라면 더욱 확신을 가지고 투자할 수 있게 된다.

우습게 들리겠지만 한국거래소에 근무하던 시절, 증시가 호황이면 가끔 받는 전화가 있었다. 내 대학 학부 전공이 프랑스어였기에 친구들 중에는 외국계 화장품 회사에 다니는 친구들이 많았다. 증시 호황이 정점에 달할 때면 꼭 이 친구들이 전화를 해서 "나 요새 펀드 좀 들까 생각 중인데 어떤 펀드가 좋아?" 하고 묻곤 했다. 오래된 증시 격언 중 "객장에 핸드백 부대가 등장하면 팔아라"는 말을 실감한 경우였다. 실제 이런 전화를 받으면 '아 이제 상승장이 정점에 달했구나' 정도의 지표로 투자 의사결정에 참고하곤 했다.

이때 난 한국거래소 조사국제부에 근무하며 ETF 투자를 해서 백전

백승했었다. 당시 업무 중 하나는 미국과 유럽, 일본과 중국 등 주요 증시를 매일 분석해 그 동향분석 자료를 작성하는 일이었다. 아침에 출근하면 제일 먼저 하는 일이 로이터 단말기에 접속해 전일 벌어진 해외증시 결과를 확인하는 것이었다.

한동안 이 업무를 하다 보니 묘하게 한국증시의 움직임이 예측되었다. 몇 년 후가 보인다는 말이 아니다. 매일 같이 아침마다 다수의 해외증시 결과를 확인하고 이를 분석해 리포트를 쓰다 보니 '어, 이제 한국증시도 오를 때가 되었네' 혹은 '이제 조정 좀 받겠네' 하는 감이 생긴 것이다.

증권시장을 운영하는 한국거래소 직원들은 증권사 직원들과 마찬가지로 개별종목 투자에 제한이 있다. 증권저축 계좌에 본인 월급의 절반까지만 넣어야 할 수 있고 매매회수에도 제한이 있어 굳이 개별종목 투자는 하지도 않았다. 하지만 펀드의 일종인 ETF 투자에는 제한이 없었고, 그렇게 생긴 감을 활용해 꽤 준수한 수익률을 올렸던 것으로 기억한다.

이후 전직을 하고 다른 일을 하면서도 당시 기억이 떠올라 아침 출근길에 전날 해외증시 결과를 확인하며 그 감을 유지하려고 노력했던 적이 있다. 하지만 실패했다. 오전 시간을 온전히 할애해 회사 책상에 앉아 규칙적으로 분석작업을 하던 것에 비하면 출근길 지하철에서 잠시 보는 정도로는 그 감을 찾을 수 없었던 것이다. 공부를 하고 지표에 대해 분석을 하더라도 타이밍에 대한 감을 잡으려면 꾸준한 관심을 갖고 시장 흐름을 지켜봐야 하는 이유다.

부동산 매수 매도 타이밍이 매번 오는 것도 아니다. 10년을 주기로 잡으면 반드시 매수해야 하는 시기는 고작 2년에서 3년 정도다. 최근으로 보면 2013년부터 2015년 초까지다. 내 매수 시기도 그 때 집중되었다. 매도 시기는 더 천천히 온다. 2000년대 이후 지난 17년을 놓고 봐도 반드시 매도해야 하는 시기는 2008년 단 한 번이었다.

그 외 시기는 집이 필요하면 사고 돈이 필요하면 팔면 되는 것이다. 단 거시적인 관점에서 그렇다는 것이고 미시적으로는 전술한 대로 입주시기와 이사철 등의 시점을 잘 활용하면 적어도 차 한 대 값 정도는 아낄 수 있다.

그리고 좋은 입지에 좋은 타이밍을 잘 잡아 매수한 부동산은 더 큰 집으로 갈아탄다거나 혹은 가정사 등의 이유로 현금이 필요한 경우가 아니라면 다음 매도 시점이 올 때까지는 보유하라고 권하고 싶다. "웬만큼 올랐으니 팔고 현금화할까요?"라는 말을 간혹 하는데, 그렇게 확보한 현금을 명확히 쓸 데가 없다면 부동산이 아닌 다른 형태의 자산으로 보관해야 한다. 그런데 핵심 지역에 위치한 부동산만큼 수익성과 안전성을 함께 갖춘 자산은 드물다. 특히 지금처럼 인플레이션 발생이 눈에 보이는 시기에는 더욱이나 핵심 지역 부동산의 형태로 자산을 보유해야 한다.

오르는부동산의법칙

입지(Location):
자손에게까지 물려줄 최고의 입지는?

좋은 입지란?

　입지를 생각할 때 사람들은 흔히 학군이나 교통을 많이 떠올린다. 이 중 학군은 많은 사람들이 한국의 특수한 상황이라고 오해하는 경우가 많은데 이는 천만의 말씀이다. 미국 같은 선진국도 학군에 따라 집값의 희비가 달라진다. 미국에서 중고등학교 등록금으로 연 3~4만 달러가 넘는 사립학교를 보내는 계층이라면 소위 말해 '재벌급'은 되어야 한다. 우리 주변에서 흔히 보는 전문직이나 동네 부자 정도로는 그 리그에 끼지 못하고 낄 생각도 않는다.

　전문직을 포함한 다수의 미국 중산층들은 대개 비싼 사립학교가 아닌 동네 공립학교에 자녀를 보내고 이 공립학교의 수준에 대해 지극히 관심이 많다. 우리나라는 특정 성향의 교육감들이 반대해 제한적인 정보만 제공되지만, 미국은 학교 별로 미국의 수능인 SAT 점수가 온라인에 공개되고 이는 인근 동네 집값에 지대한 영향을 미친다.

미국의 경우 일반적으로 같은 도시 같은 동네에서 같은 건설업자가 같은 시기에 같은 자재와 평면·평형으로 지은 두 채의 집이 길 하나 사이에 두고 '보통 학군'과 '우수 학군'으로 나뉜다면 집값은 얼마나 차이가 날까? 보통 30% 정도 집값에 영향을 미친다고 한다. 물론 이는 평균치다. 샌프란시스코 등 교육열이 높은 동네에 사는 사람들에게 이런 말을 하면 고개를 갸우뚱하며 "더 날걸? 50% 정도는 더 비싸지 않을까?" 하는 반응을 보인다.

학군 못지않게 입지를 구성하는 중요 요소는 교통이다. 지하철역 혹은 도로망은 사는 사람들의 편의성뿐 아니라 잠재구매자인 대중에게 쉽게 노출되어 인지도에도 큰 영향을 미친다. 이런 교통망은 구상부터 완공까지 시일이 오래 걸리며, 쉽게 생기고 사라지는 요소가 아니다.

또한 비용이 많이 들어 한 지역에서 주변 경쟁입지에 지하철역이 생기면 그 인근 지역은 역사 신설을 기대하기 어려워 '초역세권 단지'와 '지하철 도보 10분(공인중개사 주장, 실제로는 속보 15분) 단지'로 희비가 엇갈리는 것이다.

입지를 구성하는 속성이 워낙 다양하다 보니 어느 한 속성만을 보고 입지가 좋다 나쁘다 말하긴 힘들다. 입지가 좋은지 나쁜지 판단하는 가장 간단하고 효과적인 방법은 "나 어디 산다"고 했을 때 남들이 보이는 반응이다. '사는 동네'에 대한 사람들의 인식 자체가 입지에 대한 다양한 속성들을 결합해 형성된 것으로 이 각 속성들은 브랜드나 평면 유행에 비해 오랜 시간에 걸쳐 형성된 것이다. 이 속성이 쇠퇴하거나 대체되는 데는 상대적으로 오랜 시간이 걸리는 것이다.

그렇다면 교통이 좋고 학군이 좋으면 사람들 인식이 좋아져 결국 입지가 좋아지는 것 아닌가? 꼭 그렇지는 않다.

아주 천천히 변하는 입지, "청담동이 어디야?"

입지여건도 물론 변한다. 다른 속성들에 비해 천천히 그리고 눈에 잘 띄지 않게 변한다 뿐이지 결국 변한다는 것은 변함이 없다. 시계로 비유하면 다른 속성은 초침처럼 눈에 띄게 변해 그 변화를 알아차리기 보다 용이한 반면 입지는 분침이나 심지어 시침처럼 아주 천천히 변해 그 변화가 눈에 두드러지지 않다는 것이다.

물론 초침이 방정맞게 한 바퀴를 돌아 봤자 1분이다. '래미안'의 인기가 예전만 못하다고 해도 대치동 래미안팰리스나 반포 래미안의 집값에 별 영향을 못 미친다는 걸 초침의 예로 들 수 있겠다. 하지만 입지의 변화는 한 바퀴 돌면 밤낮이 변하는 시침처럼 우리들의 주된 관심사인 집값에 매우 지대한 영향을 미친다.

어린 시절에 이런 입지의 변화를 직접적으로 체험한 일이 있었다. 원래는 아버지 어머니 양가 모두 지금의 서울시 중구에서 살았는데, 부모님은 1970년대 후반 강남개발 첫차를 타고 1977년 강남구 청담동(행정구역 개편으로 지금은 삼성동이 되었다)의 단독주택으로 이사를 했다. 마당에서 개를 키우며 뛰어 놀던 어린 시절의 기억은 그리 오래가지 않았고, 5년 후인 1982년 당시 부동산 트렌드에 맞게 압구정동 현대아파트로 이사를 갔다. 동네가 바뀌며 구정국민학교(지금의 압구정초등학교)로 전학을 갔는데 그 곳에서 어린 시절 첫 번째 '충격'을 경험하게 된다.

압구정동 초등학생들이 청담동을 들어본 적이 없다는 것이다. 사실이었다. 물론 어른들은 알았겠지만 적어도 1980년대 초반 구정국민학교 저학년 아이들 상당수는 청담동을 들어본 적이 없었다. 새로 온 전학생에게 같은 반 친구들은 당연히 "어디서 왔냐"고 물었고 "청담동에서 왔다"고 대답하자 당황스럽게도 "청담동? 그게 어디지? 시골에서 왔어?"라고 친구들이 되묻기 시작했다. 졸지에 시골아이가 되어 "아 청담동, 저쪽으로 가면 있어. 삼성동 옆인데…"라고 대답하자 몇몇 친구들이 "아 삼성동 옆이야? 근데 청담동이라는 동네가 있어?"라는 반응을 보였다.

전학 초기 졸지에 촌 동네 출신이 되어버릴 뻔했다가 이후 전에 살던 동네가 어디냐고 다른 친구들이 물으면 자연스레 삼성동에서 왔다며 '고향세탁'을 하게 되었다. 아이러니하게도 강남구가 이후 확장과 함께 기존 행정구역을 개편하며 당시 살았던 청담동의 일부 지역은 실제 삼성동에 편입되었고, 나의 '고향세탁'은 이렇게 묻히게 되었다.

그 후 이런 에피소드를 잊고 살다가 당시 해프닝을 다시 떠올리게 된 건 1990년대 들어와서였다. 갑자기 드라마나 방송에서 '청담동 며느리', '청담동 호루라기', '청담동 카페' 식으로 청담동이라는 단어가 유행처럼 번진 것이다. 1980년대까지 압구정동에 묻혀 있던 청담동이 갑자기 하나의 브랜드가 되는 현상을 보이자, 어린 시절 고향세탁을 하던 기억이 떠올라 '이건 뭐지' 하는 생각이 들었다.

그렇다면 왜 1980년대까지 현대아파트, 한양아파트가 있던 압구정동에 비해 비교적 존재감이 없었던 청담동이 1990년대 갑자기 부촌으로 부상한 것일까? 가장 큰 이유는 1990년을 전후하여 청담동 일대에 대형 고급빌라들이 지어졌기 때문이다. 당시 청담동에 고급빌라들이 들어선 이유는 1988년 서울올림픽 이후 3저 호황과 아파트 분양가 상한제 두 가지였다.

단군 이래 최고의 호황기였다는 1990년대 초중반을 떠올리면, 대한민국에 그 때처럼 흥청망청하던 시절이 다시 올까 하는 생각이 든다. 1990년대 유행가들이 최근 재등장해 다시 히트치는 모습 등도 결국 '모든 게 좋았던 그 당시를 회상하는 마음'이 한몫 했을 거란 생각이 든다.

이런 호경기에는 '집에 대한 고급화 욕구'가 생기는 게 당연했다. 하지만 1990년대 당시 이미 일반화된 주거형태인 아파트는 집값 급등을 막기 위해 1989년 도입된 '분양가 상한제'라는 정부의 규제가 버티고 있어 고급화가 힘들었다. 현대아파트, 우성아파트 등 튼튼하게 잘 짓는다는 아파트 브랜드는 존재했지만, 정부에서 정한 분양가로는 지금처럼 대리석을 깔고 수입주방기기를 설치하는 등 고급자재를 쓰기에 채산성이 안 맞았다. 때문에 강남의 대형 아파트들도 천편일률적인 평면과 중저가 자재로 저렴하게 지을 수밖에 없었다.

이런 틈새시장을 노린 것이 1990년 전후로 강남 일대에서 붐이 일었던 대형 고급빌라들이다. 아파트와 달리 분양가 상한제 규제를 받지 않는 빌라는, 분양 규제가 없는 19세대 이하로 분양해 당시 아파트들에서 볼 수 없던 대리석 바닥, 크리스털 샹들리에, 널찍한 욕실과 대리석 욕조, 수입 주방가구 등으로 무장해 큰 인기를 끌었다.

당시 이들 대형 고급빌라들이 분양된 지역이 청담동, 논현동, 양재동 횃불선교회관 인근, 그리고 방배동과 서초동 일대였고 이 중 당시 부촌으로 자리잡은 압구정동 옆에 붙어 있던 청담동이 가장 큰 인기를 끌었다. 1980년대까지 평범한 단독주택이 주를 이루며 '압구정 현대아파트'에 밀리던 청담동에 대리석으로 치장한 대형 빌라들이 들어서고 부유층들이 입주하자 그 일대에는 이들의 수요를 겨냥한 고급레스토랑, 카페, 부티크, 미용실 등이 들어서며 단숨에 '힙플레이스'로 자리를 잡았다.

그렇다면 왜 기존 부촌인 압구정동, 동부이촌동, 혹은 그 이전의 부촌이던 성북동, 평창동에는 비교적 소규모였던 이런 힙플레이스들이 청담동에는 대규모로 생겨난 것일까? 바로 소비성향의 차이 때문이다. 압구정동 현대아파트에도 면적상으로는 대형평형들이 있긴 했다. 하지만 대리석 바닥, 샹들리에, 수입주방기구 등을 찾아 굳이 소규모 단지의 빌라로 이사간 사람들은 개중에서도 특히 소비성향과 자기과시욕구가 더 큰 사람들이었다.

당시에도 소규모 단지 빌라의 환금성과 고분양가(아파트는 분양가 상한제로 분양만 받으면 돈을 벌던 것에 비하면)를 지적하며 재테크 차원에서 기존 대형 아파트를 고집한 사람들이 있었으나, 청담동 고급빌라는 쉽게 말하면 기존 부촌에서 소비성향이 높고 과시욕구가 큰 사람들만을 쏙 뽑아 한 데 모아놓은 곳이었다. 또한 실거주하는 집 한 채 가격이 오르내리는 것에 별 관심이 없는 진짜 부자들도 많았을 것이다. 따라서 이들의 높은 소비성향을 보고 인근에 고급 매장들이 모이기 시작했고, 1990년대 청담동은 1980년대 압구정동 초등학생들도 몰라주던 외곽 동네에서 한 순간에 힙플레이스로 변모했다.

어린 시절 잠시나마 '고향세탁'을 했던 나도 어느 순간부터 자연스레 "어렸을 때 청담동에 살았다"고 얘기하게 되었다. 청담동이 어디에서도 통하는 하나의 브랜드가 되었는데 굳이 거부할 필요가 없어진 것이다.

여담이지만 1990년대 잠깐 시대를 풍미했던 강남의 고급빌라들은 짧은 영화를 뒤로 하고 곧 아파트 고급화에 밀려 애물단지로 전락한다. 외환위기를 지나면서 폭락한 부동산 경기를 살리기 위해 정부에서 아파트 분양가를 자율화한 것이다. 이 과정을 거치며 힐스테이트, 래미안, 자이 등 기존 현대아파트, 삼성아파트와 달리 내장재와 평면까지 고급빌라 못지 않게 고급화한 아파트가 등장했고, 당연히 빌라에 비해 환금성과 관리비 등에서 유리한 대단지 고급아파트로 시장의 주도권이 넘어온다.

그나마 청담동은 확고한 힙플레이스로 자리잡아 아직까지 연예인 등 일부 계층을 대상으로 꾸준히 고급빌라 수요가 남아 있다. 반면 강남 외곽지역에 위치한 대형빌라에 살던 주변 사람들에게선 십수 년 전부터 "안 팔려서 비워두고 타워팰리스로 이사갔다"는 등의 말이 심심찮게 들리고 있다.

부촌이 입지를 만든다

지금까지 굳이 사람들이 궁금해하지도 않을 어린 시절 얘기와 청담동이니 압구정동이니 하는 이야기를 늘어놓은 이유가 무얼까. 바로 부촌이 입지고 입지가 부촌이기 때문이다.

입지라고 하면 사람들은 흔히 역세권, 주변 편의시설, 학교 등을 떠올리지만 이런 요소들만으로는 입지가 완성되지 않는다. 물론 같은 동네 안에서는 역에서 가까운 단지가, 마트 길 건너 아파트가, 초등학교 인접한 단지가 조금이라도 높은 가격에 팔리고 매매도 원활하다.

오해 없도록 다시 강조하자면, 여기서 말하는 입지란 '투자에 필요한' 입지조건을 말한다. 실수요자 입장에서는 얼마든지 본인 상황에 맞는 좋은 입지를 고를 수 있을 것이다. 부동산을 실수요가 아닌 투자로 접근하면 꼭 그 동네만을 한정하여 생각할 필요가 없기 때문에 그 동네 안에

| '입지'를 보는 두 가지 시각

인근 동네 안에서 비교우위를 갖게 하는 요소	동네 자체가 비교우위를 갖게 하는 요소
교통: 지하철 역세권(더블 · 트리플), 광역버스 **편의시설**: 마트, 종합병원, 문화시설 **학교**: 단지 내 초등학교 **직주근접**: 오피스타운 접근편의성 **환경**: 공원, 산, 한강 · 개천	**거주민 재산 수준**(부촌 여부)

서 비교우위를 가져다 주는 역세권, 편의시설, 학교보다도 그 동네 자체가 여타 동네에 비교우위를 갖는 속성에 주목해야 한다.

1990년대 아이콘이 된 청담동은 '교통'이라는 측면에서는 그리 부촌으로 인식되지 않던 1980년대와 달라진 것이 없었다. 사실상 강남사람들은 별로 갈 일이 없는 동북권과 연결된 7호선 청담역은 2000년에 생겼다. 강남북을 이어줘 7호선보다 노선 가치가 큰 분당선 압구정로데오역이 생긴 건 그로부터도 한참이 지난 후였다. 대형 고급빌라가 시장 주도권을 대단지 브랜드 아파트에 다시 내주고 청담동 상권이 내리막을 타기 시작한 2012년에야 생긴 것이다. 즉 역세권은 청담동이 부촌으로 자리잡는 배경과 전혀 상관이 없었고, 청담동이 부촌으로 부상한 1990년대의 청담동은 지하철만 놓고 보면 교통의 요지라기보다는 오지에 가까웠다.

학교 역시 인근 압구정동이나 삼성동에 비해 전혀 비교우위가 없다. 2017년 초 국정농단으로 물의를 빚은 측근인사들이 나온 청담동의 한 고등학교는 인근 압구정동 현대고등학교나 구정고등학교에 비해 선호도가 떨어진다. 심지어 압구정동에서 그 학교로 배정받은 학부모들은 '날

라리학교'에 애들을 보내게 됐다고 아쉬워하는 경우까지 있다.

편의시설 측면에서도 고급 옷가게나 위스키바, 헤어숍을 편의시설이라고 한다면 할 말 없지만 보통 '생활편의시설'이라고 할 만한 마트, 종합병원, 문화시설들은 오히려 부족한 편에 속한다.

하지만 이런 불리한 점에도 불구하고 1980년대 부촌이던 압구정동과 인접하면서 빌라를 짓기 용이한 단층주택이나 나대지가 남아 있던 청담동에 부자들이 몰려 살기 시작했다. 그러자 청담동은 부촌이 되었고, 이 청담동이라는 브랜드효과에 힘입어 '대단지도 아니고, 단지 내 초등학교도 없으며, 중고등학교는 멀리 떨어져 있는' 청담자이 35평이 20억 원을 호가하게 된 것이다.

한강 조망권 역시 현재로서는 절대적인 기준으로 보이지만 이 역시 같은 동네 안에서 비교우위를 가져다 주는 요소일 뿐이다. 이것이 '부촌'처럼 절대적인 기준이라면 한강 조망이 잘되는 마포나 당산동 아파트가 한강 조망권 없는 삼성동이나 개포동보다 비싸야 하는데 현실은 그렇지 않다. 공원 역시 절대적 기준이 아니다. 일산의 호수공원은 그 규모나 쾌적함, 접근성 등에서 분당의 중앙공원을 압도하지만, 이 두 대표적인 1기 신도시의 집값은 그와는 반대로 형성되었다.

이처럼 한 동네가 여타 동네에 대해 비교우위를 갖는 단 하나의 속성을 꼽으라면 역세권도, 편의시설도, 학교도 아닌 '일반 사람들이 그 동네를 부촌으로 인식하는지' 여부다. 이 단 하나의 속성이 입지를 만드는 것이다.

사는 사람이 부촌을 만들고 부촌은 다시 이동한다

그렇다면 그 부촌을 만드는 요소는 무엇인가? 그 곳에 사는 사람이다. 다시 말하면 '누가 사는지'가 입지를 결정하는 것이다. 지금부터는 1970~1980년대 대한민국 수도권 내 부촌의 이동을 알아보고, 이를 독자들의 투자활동에 도움이 되는 방향으로 설명하려 한다.

부촌은 이동한다. 하지만 아주 천천히 이동한다. 부촌의 이동 경로는 도시계획·도시개발 분야 고전인 《미래의 도시Cities of Tomorrow》에 잘 기술되어 있다. 저자인 피터 홀Peter Hall은 19세기부터 유럽과 미국 주요 도시들의 팽창을 연구했고, 이를 통해 왜 새로운 부촌이 생기는지를 알아냈다(물론 부촌의 형성이 연구의 주 목적은 아니었다. 단지 이 연구를 통해 발견한 여러 사실 중 하나라는 얘기다).

우선 한 지역에 여러 가지 이유로 부촌이 형성된다. 먼저 지배층이 가장 교통 좋은 곳, 전망 좋은 곳 또는 궁궐이나 중앙기관에 가까운 곳 등에 주거지를 정하면 차하위 계층 역시 기왕이면 상위 계층이 사는 곳 근처로 거처를 옮기게 되고 이 지역이 부촌으로 자리를 잡는다. 이후 도시가 발전하면서 보다 교통이 좋은 곳, 편의시설이 들어서는 곳이 생길 수도 있긴 하다. 하지만 이미 자리잡은 부촌의 확고한 명성은 넘지 못하는 것이다.

절대 불변할 것 같은 부촌의 아성은 아이러니하게도 부촌 그 자체가 낡아가면서 시작된다. 인간이 만든 구조물인 만큼 아무리 잘 지어도 어느 순간부터 건축물은 낡기 시작한다. 유지보수를 잘하겠지만 다수의 인간군상이 거주하니만큼 세월 흐름에 따라 예전만큼의 형편을 유지하지 못하는 집도 생기기 마련이다. 따라서 모든 집이 초기만큼 완벽한 상태를 갖추지 못하고 일부 외곽지역부터 미약하게나마 슬럼화가 시작된다.

철옹성 같았던 부촌의 외곽지역부터 슬럼화가 시작되면서 매매가가 떨어지게 된다. 또 전월세 등 임대가가 먼저 떨어지기 시작하면서 진입장벽이 낮아진다. 그러면 인근 지역에 거주하던 차하위 계층들이 '어, 이 가격에 저 동네에 살 수 있다고?' 하면서 외곽의 작은 규모부터 진입하기 시작한다. 쉽게 말해 상류층이 살던 단지가 낡아 가격이 싸지면서 전부터 그 동네를 동경해오던 중산층이 하나둘씩 이사오기 시작한다는 것이다.

부촌의 이동은 여기서 시작한다. 단순히 내가 사는 동네가 낡아서 사람들이 떠나는 것만은 아니다. 나보다 한 단계 낮은 계층이라고 생각하는 사람들이 이웃으로 이사오기 시작하니 진짜 부자들은 이 사람들을 피해 또 다시 자신들만의 새로운 부촌을 찾아 떠나는 것이다. 많은 독자들은 이를 불편하게 볼 수 있겠지만, 이 또한 피터 홀이 뉴욕과 파리, 보스턴 등의 도시 확장 과정을 연구하며 발견한 '사실'이며 자연스러운 인간의 본성이기도 하다.

부동산이 아닌 다른 측면을 생각해보자. 계층별로 유행하는 '이름'에 대한 연구는 유럽과 미국에서는 아주 오래 전부터 행해졌고 모두 공통된 결과를 보여주었다. 시대별로 보면 상류층과 중산층, 하류층별로 각각 선호하는 이름들이 다르다. 특이한 점은 상류층에서 선호하는 이름이 이 아이들이 커서 주변과 교류가 늘어나는 약 20년 후면 차하위 계층에서 유행하기 시작하고, 차하위 계층 아이들에서 기존 상류층 이름이 많아지기 시작하면 상류층 아이들 사이에선 그 이름이 점점 사라진다는 사실이다.

사람들이 집 다음으로 중요시하는 차를 예로 들어보자. 벤츠나 BMW 같은 프리미엄 브랜드들은 원래 S클래스나 5시리즈 같은 대형 또는 중형차를 주력으로 생산해왔다. 그러다 2000년대 들어 소형차 시장이 성장하고 고유가 등으로 대형차 수요가 주춤하자 고급소형차라는 새로운 시장에 주목했다. 벤츠의 경우 기존의 소형차인 C클래스보다 작은 B클래스, 더 나아가 A클래스까지 생산하며 벤츠의 구매계층을 늘렸다. 아우디, BMW 등 다른 프리미엄 브랜드들도 벤츠와 마찬가지로 아우디는 기존 A4보다 작은 A3와 A1을, BMW는 3시리즈 아래급인 1시리즈를 내놓기에 이르렀다.

그러자 나타난 새로운 현상이 벤츠나 BMW보다 한 단계 위인 벤틀리나 롤스로이스의 판매량이 늘어났고, 소형차 라인업이 없는 포르쉐가 내놓은 세단형 모델인 파나메라의 인기가 하늘을 찌르기 시작했다.

미국의 자동차 잡지인 〈카앤드라이브Car & Drive〉는 10여 년 전, 이런 현상에 대한 기사를 실으면서 다음과 같은 일화를 예를 들었다. 독일의 성공한 사업가인 Z씨는 벤츠 S클래스를 타고 있고 자신의 성공을 상징하는 이 S클래스에 대해 아주 만족하고 있었다. 그러던 어느 날 자기 회사 청소직원이 삼각별 마크가 달린 아주 작은 차에서 내리는 것을 목격

했다. 알고 보니 벤츠에서 최근에 내놓은 소형차인 A클래스라는 모델이고 가격도 소형차 치고는 비싸지만 독일의 청소부들도 살 만한 가격대였던 것이다. 성공한 사업가인 Z씨는 자기나 청소부나 똑같이 '벤츠'를 탄다는 사실에 기분이 상해 그 동안 아주 만족해오던 벤츠 S클래스를 처분하고 소형 라인업이 없는 벤틀리를 구입했다.

이를 부동산에 대입하면 똑같은 현상이 보이는 것이다. A클래스를 산 청소부나 쇠퇴하는 부촌의 작은 평수를 구입한 중산층 입장에서는 기분이 상할 수도 있으나 이는 정부가 규제하여 억누를 수도 굳이 억누를 필요도 없는 자연스러운 인간의 본성인 것이다.

이런 이슈는 자칫 민감한 부분일 수 있어 아주 조심스럽게 다룰 수밖에 없지만 적어도 이 책에서 다루고자 하는 범위는 이런 사람들의 본성을 교화시켜 평등한 세상을 만들자는 정책적인 주제가 아니다. 이런 인간군상의 본성을 이해해 이 험한 세상 살아가는 데 조금이나마 도움이 되고자 하는 것이다.

부동산 투자를 할 때 정부 정책에 거스르지 말라고 한다. 맞는 말이다. 정부가 다주택자 규제를 시작하면 똘똘한 한 채를 제외하고는 속히 처분해야 하고 분양권 전매 규제 움직임이 보이면 분양권 투자를 삼가야 한다. 하지만 궁극적으로 시장을 이기는 정책은 없다.

단기적으로는 정부의 규제가 먹히는 것처럼 보이지만 법과 규정은 그 제정 과정의 속성상 시장움직임에 후행할 수밖에 없다. 탄생 절차가 경직된 규제에 비해 시장의 반응은 유기적이고 탄력적이어서 시장은 결국 경직된 규제를 피해가는 우회로를 찾기 때문이다.

극단적인 사례로 북한에도 장마당이 있듯 궁극적으로 시장을 이기는 정책이 없고 한 걸음 더 나아가 인간의 본성을 거스르는 정책은 오래가지 못한다는 것을 우리는 경험으로 안다.

부촌의 이동에 주목하라

그렇다면 부촌의 부동산을 사란 말인가? 그 돈을 주고? 어찌 보면 이 대목에서 허탈해 할 독자들이 있을 것 같다. 지금 청담자이나 삼성동 아이파크를 살 돈이 있으면 왜 이런 책을 사서 보겠냐는 불평이 들리는 것 같다.

이 장에서 강조하고자 하는 투자의 핵심은 '입지는 곧 부촌'이고 '부촌은 이동'하며 이를 이해해 '이후 생성될 부촌을 예측'하는 것이다. 입지를 구성하는 속성인 부촌에 대해 이해한 후 관찰하면 시계의 시침처럼 미세하지만 결국 큰 변화를 가져오는 부촌의 이동을 파악할 수 있다. 그리고 이를 투자에 활용할 수 있는 것이다.

강남개발과 함께 사대문 안에 살던 부유층 중 일부는 압구정동과 청담동 주택가로 이동했다. 지금의 인식과는 좀 다르게, 반포와 잠실은 부유층 거주지가 아니었다. 당시 주택 규모를 보면 압구정동 현대아파트, 한양아파트는 30평대가 극히 일부였고 주로 40~50평대 후반이 메인이었다. 반면 구반포와 신천 장미, 아시아선수촌 등 일부 단지를 제외한 반포와 잠실은 10~20평대 주공아파트가 주를 이루었다.

1970년대 압구정동으로 이주한 사람들은 이후 강남 확장과 함께 1980년대 개포지구(개포지구는 양재천을 사이에 두고 개포동과 대치동을 한 데 묶은 지구였다. 이런 연유로 도곡역에 위치한 대치동 우성아파트는 아직도 정식 명칭이 '개포우성'이다)로 일부 이동했고, 아시안게임과 올림픽을 앞두고 건축한 대형 평형 대단지인 아시아선수촌과 올림픽선수촌으로 건너갔다.

1990년대 들어 1기 신도시가 개발되며 다시 일부는 분당으로 이주했다. 이는 강남 사람들이 많이 이주하며 강남의 집값을 기준점으로 따라오른 분당과, 강북 혹은 강서 사람들이 많이 이주한 일산의 집값 차이를 가져왔다. 일산과 분당은 도심 접근성 면에서 우열을 가리기 힘들고 신도시의 특징인 쾌적함 측면에서는 평균 용적률 184%를 적용한 분당보다 169%를 적용 받은 일산이 우위에 있었지만 결국 두 신도시의 집값은 어디서 누가 이주해왔느냐가 결정한 것이다.

이후 2000년대 용인이 개발되며 다시 일부, 특히 나이 많은 사람들이 용인이나 수지로 이주했다. 당시 강남 일대 혹은 분당에 거주하던 노년층 중 집을 팔아 일부는 자식들 집사는 데 보태주고 노부부가 쾌적하게 살기 위해 수지 50~60평대 대형 아파트로 이사 가는 것이 일종의 트렌드라면 트렌드였다.

1980~1990년대 부촌의 이동: 남하본능

1970년대 이후 2000년대까지 근 30년 이상의 부촌 이동 경로를 간략하게나마 살펴보면 하나의 패턴이 뚜렷하게 보인다. 즉 '남하본능'이다. 한강을 건너 압구정동으로 1차 남하한 사람들은 이후 대치동과 개포동, 아시아선수촌과 올림픽선수촌, 분당, 수지 등 줄기차게 남쪽으로 이동해 왔다.

그 와중에 목동과 고덕동, 중계동, 평촌과 남양주 등 서울 외곽과 수도권 일대에도 지속적으로 신규 택지가 개발되었으나 '강남사람'들 중 이주를 결심한 사람들은 주로 남쪽을 향했다. 비록 목동이 서부권의 신흥 부촌으로 강남 다음가는 집값을 형성했지만 '강남사람'들 중에 굳이 목동으로 이주한 사람은 많지 않았다.

이유는 바로 학습효과 때문이다. 1970년대 정부의 강남개발에 따라 한강을 건너 압구정동과 청담동, 서초동 일대로 이주한 사람들은 높은 집값 상승의 혜택을 고스란히 누리게 되었다. 이는 '정부의 개발계획을 따라 남쪽으로 이동하면 돈을 번다'는 공식을 머리 속에 심어주었고, 실제 '천당 밑의 분당'을 구가하던 2000년대 초반까지 이 공식을 따라 이동한 사람들은 나름 재테크의 귀재 소리를 듣게 되었다. "부동산은 경부축을 따라 가라"는 말이 나온 것도 이 시기였다.

물론 이러한 공식이 무한히 확대 적용될 수 있는 것은 아니었다. 다들 잘 알다시피 2000년대 수지의 대형 아파트로 이주한 사람들은 이후 집값 하락과 함께 내놓아도 팔리지 않는 애물단지가 된 아파트를 깔고 앉아 꽤 오랫동안 마음고생을 했다.

사실 실제 부유층의 이동은 개포지구와 올림픽선수촌, 아시아선수촌까지였고 길게 봐서 분당 구미동의 고급주택단지와 정자동 주상복합까지였다. 정자동은 한때 '청자동'으로 불리며 제2의 청담동 대접을 받았었다. 실제 강남에서도 여유가 있는 사람들 일부가 분당으로 이주했다가 다시 상당수 강남으로 귀환한 반면, 수지로 이주한 계층은 강남의 부유층이라기보다는 '자식 집 사주기에 돈이 조금 부족한 사람들'의 실용적인 선택이라고 봐도 무방하다.

이렇게 1970년대부터 시작된 남하본능은 수지에서 막혔고, 이에 이후 개발된 동탄과 광교 등으로 이주한 강남사람들의 수는 제한적이었다. 그렇다면 그 이후에 이주한 강남사람들은 어디로 갔을까? 혹은 어디로 가고 있고 어디로 갈 것인가? 답은 '근처로 갔고, 근처로 갈 것이다'다. 예전과 같이 강을 건너고 시도 경계를 오가는 이동은 사라졌다는 것이다.

21세기 부촌의 이동: 반포와 개포, 옥수와 성수

가장 최근의 사례가 반포의 부상과 개포의 폭등, 옥수의 재발견과 성수의 등장으로 요약할 수 있다. 반포와 잠원동 일대는 원래 부촌이 아니었다. 평형 구성만 봐도 메이저 브랜드인 현대아파트, 한양아파트 중대형 평형이 메인인 인근 압구정동과 달리 반포는 10~20평대 저층 주공아파트, 잠원동은 고층이지만 역시 중소형인 한신아파트가 주를 이루었다.

오히려 대형평형이 있던 구반포 일대가 예외적인 경우였다. 잠원동 일대에 들어선 한신아파트 중 일부 단지는 지금도 가보면 엘리베이터가 매층 서는 것이 아니라 2개 층 사이에 서고 엘리베이터에서 내리면 반 층씩 올라가거나 내려가는 구조로 되어 있다. 서민 아파트를 짓는 데 건축비를 최대한 아끼려는 일종의 고육지책이었던 것이다.

이런 반포와 잠원동이 재건축을 거쳐 지금은 명실상부한 부촌으로 거듭났다. 이유는 역시 하나다. 인근의 압구정동이 노후화되면서 새 아파트를 찾는 수요가 바로 인근 반포로 이주한 것이다.

어찌 보면 2008년부터 시작된 반포 재건축 아파트의 입주시기가 절묘했다고 볼 수 있다. 1970년대부터 이어진 '정부 개발정책을 따라 남하하면 돈 번다'는 공식이 2008년 부동산 불황의 시작과 함께 벽에 부딪쳤다. 팔리지도 않는 용인의 60평대 아파트를 떠안고 사는 주변 친지들을 보며 '서울을 벗어나지 않고 강남 인근의 너무 크지 않은 새 아파트'를 찾는 수요가 생긴 시점과 반포 재건축의 입주 시점이 맞아떨어진 것이다.

이후 과열이 지나쳐 정부의 분양권 규제까지 가져온 개포동 재건축 붐 역시 강남 인근을 벗어나지 않으려는 학습효과가 가져온 현상이다. 전술한 개포지구는 양재천을 사이에 둔 속칭 '대치동의 우선미(우성, 선경, 미도)'와 개포동의 현대 1, 2, 3차, 우성(대치동의 개포우성 1, 2차가 아닌 진짜 개포동의 개포우성 3차 아파트), 경남아파트 등이고, 이번에 과열 바람을 불러일으킨 개포 재건축은 그보다 남쪽으로 한 라인 아래에 위치한 저층 주공아파트들이다.

아직 입주는 시작하지 않았으나 인근 대치동과 도곡동의 중형 아파트들이 노후화되며, 이들 지역에 거주하는 사람들이 같은 생활권이면서 대치동 학원가 접근이 손쉬운 인근 개포동 재건축에 관심을 갖는 것이다.

옥수동과 성수동 역시 강남은 아니지만 '강남사람'들이 이주하며 집값이 오른 경우다. 옥수동은 예전부터 압구정동 사람들이 '자식 장가보내며 집을 사주는 동네'라는 인식이 있었다. 즉 장가가는 아들에게 같은 압구정동에 집을 사주면 제일 좋겠지만 아무리 1980년대 압구정동 주민이라고 해도 그 정도까지는 여유가 안 되는 사람들이 많았고, 차선책으로 지하철 한 정거장이며 오고 가면서 늘 봐온 옥수동에 아들 집을 사준 것이다.

물론 압구정동의 최부유층이 아니라 개중 여유가 조금 부족한 사람들이 이주했다는 한계가 있어 크게 부촌으로 자리잡지는 못했다. 하지만 이런 이주 수요에 힘입어 옥수동은 가파른 언덕길이라는 치명적인 단점을 극복하고 래미안 옥수리버젠과 이편한세상 옥수파크힐스 33평 실거래가 10억 원에 달한다. 이는 행정구역상 같은 성동구 33평 아파트 평균의 2배에 달해 강남서초 평균에 버금가는 시세를 형성하고 있다.

▍옥수동 주요 단지 33평 평균거래가

2017년 2~3월 기준

단지	래미안 옥수리버젠	이편한세상 옥수파크힐스	성동구 평균
33평 가격대	- 9.1~10.5억 원	- 9~9.5억 원(호가기준) - 실거래는 25평 7.5억 원	- 5.7억 원

성수동의 경우는 앞의 사례들과는 조금 다르다. 굳이 따지자면 청담동에서 다리 하나 건너면 되는 입지라고 할 수도 있다. 하지만 지하철로 한 정거장도 아니고 강남사람들이 강북 도심권에 갈 때 늘 지나치던 옥수동과 달리 성수동은 2호선 지상철 구간에서나 잠깐 보던 정도였다. 즉 강남사람들의 주된 동선과는 거리가 먼 낯선 동네라는 것이다.

성수동을 부촌으로 만든 것은 강남과 멀지 않은 곳에 다른 동네는 범접할 수도 없을 만큼 고급화로 차별화한 단지구성 덕분이다. 한 채에 제일 싼 집이 30억 원, 보통 50억 원을 호가하는 초호화 단지로 자리잡은 갤러리아포레의 성공은 (초기 일부 미분양에도 불구하고) 성수동을 단번에 부촌의 상징으로 만들었다. 뒤를 이어 분양한 트리마제는 전용면적 25.7평의 국민주택 규모 아파트가 17억 원을 호가하게 되었다.

성수동이야말로 학군은 서울시내에서도 가장 낮게 평가 받는 곳이고, 주변 편의시설은 전무하다시피 하다. 하지만 서울숲과 한강조망이라는 장점을 살린 초호화 단지가 연착하면서 부자들의 이동을 이끌어내었다.

만약 성수동의 갤러리아포레가 현재의 초호화 대형평형 단지가 아닌, 이를 테면 반포자이 정도의 중소형 평형이 많이 섞인 고급아파트로 설계되었다면 평당 5,000만 원을 넘나드는 현재의 높은 가격대는 형성할 수 없었을 것이다.

물론 갤러리아포레가 압구정동에 지어졌다면 평당 1억 원에도 육박할 수 있다고 생각한다. 부촌으로서의 전통적인 입지와 학군, 편의시설, 교통 모두 압구정동이 성수동보다 우위에 있기 때문이다. 하지만 성수동 역시 1990년대의 청담동처럼 부자들이 이주하면서 부촌의 입지를 새롭게 다지고 있다. 평당 5,000만 원 이상에 분양되는 아크로 서울포레스트까지 들어서면 성수동의 서울숲 일대는 명실상부한 부촌으로 자리잡을 것이다.

이제 부자들은 멀리 이동하지 않는다. 중세 유럽의 삼포제(춘경지, 추경지, 휴경지로 나누어 돌아가면서 농사를 짓고 땅을 쉬게 하는 농법)처럼 단지의 노후화에 따라 부촌 인근을 옮겨 다니며 한남·용산과 서초, 성수를 잇는 '부의 트라이앵글' 안에서만 움직이고 있다.

부촌이 힘들면
그 옆 동네를 사라

결론부터 말하자면 자금이 풍부하다면 현재의 부촌을 사고, 자금이 조금 부족하다면 부촌 인근 지역을 사라. 지금의 부촌이 앞으로도 부촌으로 남을 것이다. 그리고 다른 지역과의 격차는 지금과는 비교도 안될 정도로 벌어질 것이다.

1970년대부터 30년 가까이 통하던 '정부 개발정책을 따라 남진하라'는 명제는 그 생명력을 다했다. 새로운 개발정책이 없기 때문이다. 강남을 개발하고 개발한 강남을 확장하고 그도 모자라 시도 경계를 넘어 분당을 개발하고 다시금 남진하여 수지, 죽전을 개발하던 시대는 끝이 났다.

간단히 말해 '인구가 더 늘지 않기 때문'이다. 베이비붐 세대는 한 해 최소 90만 명이 태어났고 100만 명이 넘기도 했다. 지금은 30만 명 대로 떨어진 지 오래다. 100만 명과 30만 명. 어떠한 차이가 있을까? 평균 수명 80년을 적용해보자. 매 해 100만 명씩 인구가 는다는 것은 총인구 8,000만 명인 국가에서나 일어날 일이다. 실제로는 인구 3,300만 명에 불과하던 1971년에 이런 일이 벌어졌다.

이렇게 매 해 인구가 늘어나니 집도 학교도 도로도 모든 것이 부족했다. 1980년대 초반 서울 강남에선 2부제 수업이 당연한 것이었다. 오후반인 것을 깜빡하고 아침에 학교에 갔다 허탕치고 돌아왔던 기억이 난다. 이러니 정부는 새로이 빈 땅(엄밀히 말하면 임자가 있는 땅이나 당시 군사정권은 베트남, 중국 등 공산국가에서도 유래를 찾아보기 힘든 강제수용·헐값 보상을 통해 아파트를 지을 수 있는 '빈 땅'을 확보했다. 이는 민주화 시대인 국민의 정부, 참여정부 시대를 거쳐 현재에 이르기까지도 변함이 없다)을 확보해 새 주거단지를 조성했고, 서울 안에 토지가 부족하자 서울과 인접한 경기도 지역까지 확장한 것이다. 하지만 현재는 인구가 5,000만 명인 나라에서 인구 3,000만 명인 나라처럼 아이가 태어나고 있다.

큰 지역단위를 놓고 보면 '신도시의 시대'는 끝났다. 아무리 '천당 밑의 분당'이라고 해도 건물이 낡는 순간 신도시의 한계가 드러난다. 신도시는 입지에 베팅해서 계속 가지고 가는 장기투자가 아니다. 새로운 신도시가 생기면 초기에 입주했다가 안정단계에서 고점매도하는, 즉 '치고 빠지는 파도타기'를 해야 하는 투자대상이다.

분당 역시 판교라는 대체재가 생기면서 수요가 급속히 줄었고, 위례 입주 이후 판교 역시 시세가 정체되고 있다. 성남 고등지구, 하남 감일지구 등 몇몇 소규모 지구를 제외하면 앞으로 대규모 신도시 개발은 한동안 없을 것이다. 정부에서도 신규택지지구 개발을 중단하겠다고 선언한 바 있다.

정권이 바뀌면 새로 택지지구 개발을 하지 않을까? 물론 정책목적에 따라 그럴 수도 있다. 하지만 현실적으로 '인구 감소'라는 이유 외에도 정부 재정 여건상 쉽지 않다. 신도시 혹은 신규 택지지구를 개발하려면 기반시설 조성에 큰 돈이 든다. 그 역할을 감당해야 하는 LH공사나 각 지자체 도시개발공사들은 부채비율이 이미 턱밑에 차 여력이 없다.

그렇다면 정부가 그 돈을 감당할 여력이 있을까? 이미 경기둔화로 세입은 감소하고 고령화로 복지예산은 늘고 있는 대한민국 정부가 예전처럼 천문학적인 돈을 쏟아 부어 신도시나 택지지구를 조성할 여력도 이유도 없다. 인구가 줄고 있기 때문이다.

어찌 보면 마지막 신도시라고 할 수 있는 위례신도시와 서울 내 마지막 택지지구라고 할 수 있는 세곡지구를 보면 정부가 택지지구 기반시설 조성에 얼마나 투자할 여력이 없는지 알 수 있다.

위례신도시의 경우를 보자. 2017년 현재 남위례는 입주가 마무리되어 가고 있으나, 위례의 교통대책 중 하나인 위례신사선은 아직 사업자도 정해지지 않았다. 물론 분당이나 판교 역시 입주 후 한동안 지하철이 없었지만, 경부고속도로에 접해 서울로 가는 광역버스 노선이 촘촘히 깔려 있었다. 이와 달리 위례 일부 지역의 경우 지하철이 아니면 같은 행정구역인 서울의 업무지구로 가는 대중교통이 마땅치 않다. 하지만 지금은 분당선의 경우처럼 국가예산을 들여 정부가 노선을 소유하고 한국철도 공사를 통해 운영할 여력이 없다. 앞서 말한 바와 같이 정부예산이 충분하지 않기 때문이다.

그래서 신분당선과 같은 민자노선을 추진하고 있지만 최초 사업자로 내정된 삼성물산은 이미 발을 뺐다. 노선변경에 따른 사업성 변화 등 여러 이유를 댔지만 삼성물산이 사업을 포기한 이유는 간단하다. 민자노선 운영 시 손실에 대해 정부가 보조금을 지급하지 않기로 했기 때문이다.

부동산 활황기에는 지자체마다 민자 유치를 전제조건으로 경전철 사업을 벌였고, 부풀려진 수요예측을 근거로 타당성을 분석해 실제 수요가 이에 미달할 경우 보조금을 주는 방식으로 계약을 체결했다. 그러니 민간 기업 입장에서는 마다할 이유가 없었다.

하지만 부동산시장이 침체되고 외곽지역은 미분양 증가와 이에 따른 입주지연까지 발생하니 애초에도 부풀려졌던 수요예측을 충족할 만한 실제 수요가 발생할 수 없었다. 이는 고스란히 적자에 따른 보조금을 지급해야 하는 지자체의 재정적 부담으로 돌아왔다.

2017년 초에 나온 신분당선 보조금 지급에 대한 법원의 판결은 가뜩이나 신중해진 민간 기업의 민자 교통사업 참여 결정을 어렵게 만들었다. 신분당선 승객이 당초 예측을 크게 밑돌자 시행사가 국가를 상대로 손해배상을 냈지만, 재판부에선 정부 측 손을 들어준 것이다. 수요 예측을 과다 산정한 사업자 측 책임이라는 것이었다.

우여곡절 끝에 위례신사선은 GS건설이 컨소시엄을 구성해 다시 참여

| BTO와 BTO-RS 방식의 차이점

구분	BTO	BTO-RS
사업자 리스크	높음	중간
손익부담	사업자 100% 책임	손실과 이익 모두 정부와 사업자 각각 50% 부담
기대수익률	6~7%	4~5%

를 검토하고 있다. 하지만 GS건설 역시 민간 사업자가 운영위험을 모두 부담하는 기존 BTOBuild Transfer Operate(민간이 건설하고 소유권은 정부나 지자체가 가지며 일정기간 민간이 직접 운영해 사용자 이용료로 수익 내는 방식) 방식에서 지자체와 민간 사업자가 위험을 공유하는 BTO-RSRisk Sharing 방식으로 변경을 요구해 협상이 지연되고 있다.

BTO-RS의 세부내역에 합의를 한다 해도 노선 건설에 대한 중앙정부 보조금 규모를 놓고 지자체와 중앙정부 간 팽팽한 줄다리기가 예상된다. 설상가상으로 GS건설은 이런 방식으로 운영 중이던 의정부 경전철에 대한 파산신청을 한 상태라 위례신사선이 과연 GS건설을 민자사업자로 선정해 추진될지 확실치 않다. 만약 된다고 해도 서울시가 예상하는 2020년에 착공하여 2024년에 완공하는 일정은 절대 불가능할 것이다.

세곡지구는 문제가 더 심각하다. 세곡지구는 임대비율이 높다는 단점이 있으나 자연환경이 우수하면서도 행정구역상 '강남구'라는 점, SRT 개통과 이에 따른 수서역세권 개발의 핵심수혜지역이라는 장점 때문에 많은 주목을 받은 곳이다.

그런데 이 세곡지구를 잘 보면 헌릉로를 사이에 두고 남쪽은 LH공사에서 시행한 리엔파크라는 아파트 단지가 자리잡고 있고, 헌릉로 북쪽으로는 래미안포레, 한양수자인 등 SH공사에서 시행한 곳, 그리고 래미안 강남힐즈 등 SH공사에서 토지를 개발해 민간에 분양한 단지들이 주를 이룬다. 일반 사람들이 보기에는 LH나 SH나 다 공공기관이고 그게 무슨 문제가 있냐고 할 수 있지만 여기에는 심각한 꼼수가 내재되어 있다.

원래 100만㎡ 이상의 택지지구를 개발할 때는 개발주체가 광역교통 개선대책을 수립하도록 되어있다. 세곡지구는 전체 면적이 171만㎡로 광역교통 개선대책 마련이 의무다. 그런데 민간 사업자도 아닌 정부에서 이를 피하기 위해 LH공사가 기준치인 100만㎡에 살짝 못 미치는 94만㎡, SH공사가 77만㎡를 각각 나누어 개발해 이 광역교통 대책 마련을 피해 간 것이다.

놀랍지 않은가? 민간 기업도 제대로 된 대기업에서는 후폭풍이 두려워서라도 못했을 이런 꼼수를 정부에서 국민을 상대로 벌인 것이다. 정부 시책인 보금자리 지구를 정해진 일정에 맞추어 시급히 조성하려는 이유도 있겠지만, 가장 근본적인 이유는 나라에 돈이 없기 때문이다. 공무원 입장에서 예산을 배정받을 타당한 이유도 있고 배정받을 예산도 있다면 그런 큰 이권사업을 굳이 안 할 이유가 없는 것이다.

더 이상의 팽창은 없다. 신도시도 없고 새로운 택지지구도 없다. 기존의 부촌과 뚝 떨어져서 새로이 조성되는 부촌도 없을 것이다. '지금의 부촌이 앞으로도 부촌으로 남을 것이고 부촌의 이동도 인접지역으로 제한

될 것이다.'

　패러다임이 변했다. 인구 급증과 이에 따른 도시의 팽창이 과거 패러다임이었다면, 현재 패러다임은 인구 감소와 이에 따른 기존 중심지로의 회귀인 것이다. 과거 패러다임을 내세워 "앞으로 이 동네가 개발될 거고 그러면 좋아질 거야"라며 외곽으로 벗어나는 것은 절대로 말리고 싶다. 좋아지지도 않을 것이며 개발도 안 될 것이다.

　앞으로는 '지금 좋은 동네'가 계속 좋은 동네로 남을 것이다. 그리고 그 격차는 점점 더 벌어질 것이다. 자본주의의 발전에 따른 양극화는 굳이 설명을 안 해도 눈에 보이지 않는가? 앞으로 10년 후 대한민국 핵심 부촌의 일부 단지는 지금 기준으로도 상상이 안 될 만큼 타 지역과의 격차를 벌릴 것이다.

　피터 홀이 19세기에 관찰했던 '기존 부촌의 슬럼화에 따라 차하위 계층이 부촌 외곽으로 진입하면 기존 부자들이 다른 단지로 떠난다'는 현상은 지금에 이르러 조금 다른 모습으로 나타날 것이다. 산업혁명 시기였던 19세기 유럽·미국, 또는 인구 급증시기였던 20세기 후반 한국처럼 '도시 경계를 넘나드는 이동'이 아닌, '인근 단지로의 이동'으로 제한될 것이다.

부촌 옆 동네를 고르는 기준

　앞서 잠깐 언급했듯, 지금의 부촌에 진입하기 벅찬 대부분의 사람들에게 현실적인 대안은 부촌 옆 동네를 선택하는 것이다. 왜일까?

첫 번째 이유는 기왕이면 부촌 근처에 사는 것이 부촌의 각종 편의시설을 이용하기도 좋고 기분도 다르기 때문이다. 하지만 보다 현실적인 이유가 있다. 옥수동의 경우처럼 부촌에서 여러 가지 이유로 이사를 가거나 자식에게 집을 사줄 때 가장 먼저 고려하는 게 근접 지역이기 때문이다. 또한 부촌에 사는 사람들이 투자를 할 때도 지역에 대한 이해가 중요한 부동산의 특성상 본인이 거주하는 인근 지역에 투자하는 사례가 많기 때문이다. 쉽게 말해 부촌 인근은 '수요가 많다'는 얘기다.

또한 앞으로 20년간 부촌 인근 지역의 수익률이 높을 수밖에 없는 다른 이유가 있다. 바로 부촌 지역의 중층아파트 재건축이다. 이제 강남 일대 저층 주공·시영아파트 재건축은 마무리 단계에 접어들었고, 재건축 다음 단계인 중층 재건축이 남아 있다. 이들 지역의 중층아파트 재건축은 지금까지 재건축 시장의 주를 이루었던 주공·시영아파트 재건축과는 주변 동네에 미치는 영향이 조금 다르다.

주공·시영아파트는 대개 13평에서 17평, 커 봐야 20평대 초반의 소형 아파트로, 이들 아파트에서 발생하는 이주수요는 대개 인근 소형 아파트나 다세대·빌라 등에서 흡수한다. 또한 재건축이 장기화되면서 1980년대 지은 서민아파트에 입주했던 기존 원주민들은 대개 오른 시세대로 매도해서 보다 좋은 주거환경으로 옮겼다. 그리고 이를 매입한 새 주인은 군이 그 집에 들어가 살 이유가 없다. 따라서 매매가 10억 원짜리 주공·시영아파트에 실제 거주하는 사람은 싼 전세를 찾아 전세 8,000만

2017년 5월 기준 호가

개포주공 1단지	매매	전세
11평	9~10억 원	5,000~7,000만 원
13평	10~11억 원	7,000~8,000만 원

자료: 네이버 부동산

원 정도에 들어온 세입자가 대부분이다. 개포주공 1단지 5,040세대 중 실제 거주하는 집주인은 700여 세대에 불과하다.

이 세입자들이 이주에 들어가더라도 강남권 일대에서는 전세 1억 원 미만으로는 다세대주택을 구하기도 어려운 실정이다. 따라서 대부분 멀리 경기도나 강북으로 이주하는 것이 보통이라 이들 단지의 이주가 인근 주택시장에 큰 영향을 주지는 않는다.

반면 압구정동, 대치동, 도곡동 등 기존 부촌의 중층아파트는 대개 30평대에서 50평대 이상의 중대형 아파트가 주를 이룬다. 따라서 기존 원주민이 그대로 거주하거나 투자 목적 또는 학군 등을 보고 매매로 들어온 실수요자가 거주하는 경우가 많다. 세입자들 역시 비록 낡았어도 중대형 평형에 거주할 정도의 경제력은 되고, 무엇보다 자녀 학군을 이유로 전세를 사는 경우가 많다. 따라서 이들 단지가 재건축이 되면서 이주를 시작하면 바로 인접 지역 주거시장에 큰 영향을 줄 것이다.

나이든 원주민들이나 실수요 거주자 모두 재건축이 되는 동안 많지 않은 이주비를 받아 잠시나마 인근에 거주할 아파트를 찾게 되고, 이 수요는 고스란히 부촌의 인근 동네로 흡수된다. 비록 2년, 4년 전세로 머

| 대치동 매매가와 전세가 비교

2017년 5월 기준 호가

개포우성 1차	매매	전세
31평	14억 5,000만~16억 원	7억 5,000만~8억 3,000만 원
45평	18억 5,000만~21억 원	10억~11억 5,000만 원

자료: 네이버 부동산

물 집을 찾더라도 오른 전세가는 매매가를 밀어 올린다. 또 이중 일부는 재건축이 확정되면 살던 집을 오른 시세에 매도하고 인근 지역에 거주와 투자를 겸해 매수하는 경우도 많다. 결국 부촌의 중층 재건축은 인근 지역의 매매가를 끌어올리게 되는 것이다.

압구정동 일대의 재건축이 시작되면 (그때까지 재건축이 안 되었다면) 잠원동 일대 일부 중형평형이 주목을 받겠지만 잠원동은 이미 시세가 높이 형성되어 그 상승폭이 제한적일 것이다. 오히려 한강 건너 옥수동이 다시 조명을 받고 그 영향은 인근 금호동까지 미칠 것이다.

대치동과 도곡동 중형아파트 재건축이 본격화되면 3호선으로 연결되는 일원본동과 수서역 일대 중대형 평수의 시세분출이 기대되고, 탄천 건너 문정동과 가락동, 오금동 일대 아파트의 시세에도 일부 영향을 줄 것으로 예상된다.

물론 다음 정권에라도 강남 재건축이 실행된다면 재건축되는 그 부촌의 상승세가 제일 높겠지만 말이다.

오르는부동산의법칙

정책(Policy):
정책의 파도만 잘 타도 고수익 가능하다

정책을 투자에 활용하라

    사실 '부동산의 3요소'라는 내용을 처음 구상했을 때 마지막 세 번째 요소는 파이낸싱Financing, 즉 자금조달이었다. 하지만 이 책의 대상을 '한국의 주거용 부동산시장'으로 한정 지으면서 자금조달 부분보다는 '정책'이 더 중요하다는 판단을 내렸다. 만약 미국 부동산시장이라든지 한국의 '상업용' 부동산시장을 대상으로 책을 썼다면 제3요소는 정책이 아닌 자금조달이었을 것이다. 하지만 이 책에서 정책을 더 중요시한 이유는 앞서 언급했던 바와 같이 한국 주거용 부동산시장의 매수자들은 미국과 달리 집을 구매할 때 금융에 대한 의존도가 제한적이기 때문이다.

    미국 주택시장은 금융에 대한 규제도 약하고 그 옵션이 너무도 다양하여 모기지 브로커가 성업 중일 정도다. 미국의 주택 구매자라면 상황에 따라 변동금리ARM, 고정금리FRM, LTV 70~100% 이상 노 디파짓

론 활용 여부 등 다양한 옵션을 고려한다. 기존 구매자를 대상으로 한 대출 갈아타기Refinancing 시장 역시 매우 활성화되어 있다.

반면 한국의 주택담보대출 시장은 수요자의 리스크 회피 경향 때문에 그 활용도가 상대적으로 낮고 또 정부 규제가 매우 강해 시기에 따른 옵션이 제한적이다. 즉 열심히 자금조달 방법에 대한 분석을 해봐야 정부가 수시로 규제를 하여 무용지물이 돼버리는 것이다.

반면 주거용 부동산시장에 비해 상업용 부동산시장은 상대적으로 그 규제가 덜해 여러 가지 자금조달 방법을 어떻게 활용하느냐가 수익성을 좌우한다. 허나 이 책은 주 독자를 빌딩이나 상가 투자자가 아닌 주거용 부동산, 다시 말해 아파트에 관심 있는 독자로 가정했기에 그에 대한 영향력이 큰 정부의 '정책'에 대해 알아보기로 한다.

한국의 '집값 안정' 정책

한국 부동산 정책의 가장 큰 특징은 일관성이 없다는 것이다. 오해를 피하기 위해 미리 말하면 이 책의 목적은 무언가를 비판하기 위한 것이 아니다. 오락가락하는 한국의 부동산 정책도 일종의 '주어진 조건'으로 받아들이고 그 틀 안에서 수익을 극대화하는 방법을 찾아보려는 것이다.

쓰다 보면 마치 특정 정권의 부동산 정책을 비판하려는 의도로 비칠지도 모르나, 다시 말하지만 이 책은 정책을 비판하기 위한 것이 아니라 그러한 정책을 투자에 활용하기 위해 쓴 책이다. 그리고 일관된 정책보다 오락가락하는 정책에 오히려 기회가 있다. 그 파도만 잘 탄다면 높은 수익을 올려줄 수 있는 것이다. 물론 반대의 결과를 가져올 수도 있다.

우선 한국과 미국의 부동산 정책은 각각 어떤 목적으로 시행되고 있는지 살펴보자. 명시적으로 혹은 묵시적으로 역대 한국 정부들의 부동산 정책은 공통적으로 '집값 안정'이 목적이다. 당연한 일이다. 수십 년간 고도경제 성장기를 거치며 자연스럽게 자산시장이 상승했지만 그 자산시장에서 눈치 빠르게 파도타기를 할 시간도 정보도 자본도 부족한 서민층은 늘 소외되었다.

그리고 부동산시장은 그 대상이 의식주의 기본인 '주택'이었기 때문에 정권 안정 차원에서라도 정부가 늘 가격을 누르거나, 혹은 누르는 시늉이라도 해야 했다. 앞서 말한 주택 200만 호 건설 같은 정책들이 나오게 된 이유이기도 하다. 주택 가격 안정이 주목적이다 보니 그때 그때 경제 상황에 따라 (시장논리에는 안 맞더라도) 총선을 앞두고 혹은 자신의 임기 내에는 부동산 가격을 안정시키기 위해 무리한 정책을 쓰기도 하는 것이다. 원래 대한민국은 시장경제를 경제의 근본 원리로 삼는다. 하지만 시장경제 논리에 따라 자연스레 상승한 자산시장을 무리하게 누르려다 보니 반시장적 정책을 쓸 수밖에 없었다. 결국 일시적으로 눌린 가격은 반드시 더욱 강하게 반등하는 롤러코스터 장세가 반복되었다.

더욱이 건설산업은 정부 규제를 통해 호황과 불황을 자유자재로 만들어 낼 수 있는 거의 유일한 분야다. 그렇기 때문에 경기가 위축될 때 건설경기를 부양해 경기를 회복시키는 일이 일상적으로 일어났다. 이처

역대 정권 주요 부동산 정책

연도	정책	방향	정부
1978	부동산 투기억제 종합대책	억제	보수 (박정희)
1981	주택경기 활성화대책	부양	보수 (전두환)
1983	부동산 투기억제대책	억제	보수 (전두환)
1986	주택경기 촉진방안	부양	보수 (전두환)
1989	긴급 부동산 투기억제대책	억제	보수 (노태우)
1995	부동산 안정대책	억제	보수 (김영삼)
1998	주택경기 활성화대책	부양	진보 (김대중)
2000	주택건설 촉진대책	부양	진보 (김대중)
2002	주택시장 안정대책	억제	진보 (김대중)
2003	부동산가격 안정대책	억제	진보 (노무현)
2004	부동산 규제완화방안	부양	진보 (노무현)
2005	수도권 주택시장 안정대책	억제	진보 (노무현)
2007	부동산상한제 원가공개	억제	진보 (노무현)
2008	경제위기 극복 종합대책	부양	보수 (이명박)
2010	미분양해소 및 거래활성화방안	부양	보수 (이명박)
2012	주택거래 정상화 지원방안	부양	보수 (이명박)
2013	주택시장 정상화 종합대책	부양	보수 (박근혜)
2014	주택시장 활력회복방안	부양	보수 (박근혜)
2016	가계부채 관리방안	억제	보수 (박근혜)

럼 집값이 급등하면 여론을 의식해 서둘러 규제정책을 내놓고, 경기가 위축되면 다시 부양책을 내놓는 사이클이 반복되다 보니 이 파도타기를 잘하는 사람은 초과수익을 얻고 정부만 믿고 따르는 서민들은 삶이 더 팍팍해지는 것이다. 이는 진보정권이고 보수정권이고 가리지 않고 해온

정책의 일관성이라면 일관성이었다.

부동산 정책은 늘 온탕 냉탕을 오갔다. 2000년대 중반 이후 마침 진보정권 집권 시기에 세계적인 부동산 호황시기가 겹쳐 진보는 억제책을, 이후 전 세계적인 부동산 침체기에 정권을 잡은 보수세력은 부양책을 쓴 것뿐이다.

실제 1980년대 집값이 급등하자 보수정권은 가격 규제라는 반 시장적인 정책을 포함한 강력한 부동산 억제책을 내놓았고 1990년대 후반 외환위기로 경제가 침체하자 진보정권은 강력한 부동산 부양책을 잇달아 내놓았다.

이후 부동산 억제책을 썼던 진보정권 역시 2004년 일시적으로 부동산이 침체하자 다시 부양책을 내놓았고 2016년 부동산시장이 상승하자 보수정권은 다시 억제책을 내놓았다.

미국의 '내 집 마련' 정책

반면 미국 부동산 정책의 일관된 목적은 '내 집 마련'이다. 간혹 가다 우물 안 개구리 식 분석으로 '미국 사람들은 집을 꼭 사야 한다는 강박관념이 없어 다 월세를 산다'라고 생각하는데, 이는 잘못된 것이다. "아메리칸 홈 오너American Home Owner(미국 주택소유자)"라는 일종의 표어에서 알 수 있듯, 여전히 많은 사람들은 교외에 널찍한 단독주택을 사는 것이 아메리칸 드림American Dream의 종착역이라고 생각한다.

그렇다면 왜 많은 미국 사람들이 월세를 사는 것일까? 국토가 넓고 선택지가 많아서 그렇다. 대부분의 미국인은 고등학교 졸업과 함께 부모 집을 떠난다. 이건 미국인들의 자립심이 높아서가 아니라 갈 만한 대학이 다른 도시에 있기 때문이다.

뉴욕에서 나고 자라더라도 대학은 보스턴이나 시카고, 혹은 워싱턴 DC로 갈 확률이 높다. 뉴욕에도 좋은 학교가 많지만, 내가 가고 싶고 갈 수 있는 학교 그리고 장학금 등 여러 가지를 고려해 나고 자란 동네를 떠나는 경우가 많다.

태어난 곳이 뉴욕 같은 대도시가 아니라 중소도시라면 더 말할 나위도 없다. 대개 1학년 때는 기숙사 생활을 하지만 2학년부터는 마음 맞는 친구들과 주변 아파트를 빌려 월세 생활을 한다.

그리고 대학을 졸업한 후에도 한동안 월세 생활을 한다. 시카고에서 대학을 졸업해도 취업은 뉴욕이나 LA, 샌프란시스코, 미니애폴리스, 애틀랜타 등 너무나 많은 옵션이 있기 때문이다. 취업 후에도 꼭 그 도시에서만 근무한다는 보장은 없다. 미국의 대기업들은 지역 거점 도시별로 비슷한 규모의 지역본부를 운용하고 인력 수요에 따라 탄력적으로 재배치를 하기 때문이다.

그래서 대다수의 미국인들은 대학 시절, 그리고 사회초년생 시절 아파트에서 월세 생활을 한다. 그리고 안정적인 직장을 잡지 못한 사람들일수록 일자리를 찾아 어디든 떠나야 하니 한 곳에 집을 사지 않고 일자리가 있는 동안 해당 지역에서 월세를 산다. 매도자만 부담한다는 차이가 있긴 하지만 부동산 중개수수료가 6%에 달하는 등 한국에 비해 부동산 매매 부대비용이 크고, 가격이 비교적 안정적이기 때문에 단기간 머무를 곳이라면 굳이 매수하지 않기 때문이기도 하다.

이런 사회적 맥락을 이해하지 않고 다수의 좋은 직업을 가진 직장인들이 월세를 사는 것을 보고 '미국 사람들은 집을 사는 것이 아닌 사는 곳으로 여긴다'라든지 '한국 사람들이 유독 부동산에 집착한다'든지 하는 해석을 하는 것은 맞지 않다.

오히려 미국인들이야말로 직장이 안정되고 결혼을 하게 되면 한 곳에 정착하기 위해 무리해서라도 집을 산다. 집값의 20%만 모이면 나머지 80%를 대출받아 집을 사는 관행 역시 여기에서 비롯된 것이다. 정부 정책 역시 이를 투기적 행위라고 규제하는 것이 아니라 오히려 장려하고 최대한 리스크를 분산할 수 있도록 세제 혜택 등 여러 가지 정책을 통해 이를 지원한다.

한국의 '집값 안정'이나 미국의 '내 집 마련'이나 그 제목만 들어보면 다 비슷한 정책처럼 들린다. 둘 다 좋은 말이고 집값이 안정되어야 내 집을 마련할 수 있지 않을까 하는 생각까지 드니 말이다.

이 두 정책의 극단적인 차이는 뭘까.

앞서 말한 바와 같이 역대 한국 정부는 정 반대되는 정책을 2~3년 간격으로 현기증이 날 만큼 내놓았다. 집값이 오르면 내리고 내리면 올리기 위해서, 즉 집값을 안정화시키기 위해 어쩔 수 없는 선택이었다. 반면 미국의 내 집 마련 정책은 중산층들이 사회에 나오면서부터 장기적인 인생계획을 세워 차근차근 돈을 모으면 정책 변수를 고민할 필요 없이 내 집을 마련할 수 있게 해주는 데 초점이 맞춰져 있다.

따라서 정책과 법규 세부 내용을 들여다 보면 양국의 부동산 관련 법과 규정이 판이하게 달라, 그 입법 목적이 정반대라는 생각을 할 수밖에 없다.

정말 미국은 양도소득세가 낮고 보유세는 높을까

부동산과 관련된 가장 강력한 규제는 세금정책이다. 입지와 타이밍을 기가 막히게 분석해서 투자에 성공해도 보유세와 양도소득세를 얼마나 내야 하는가에 따라 부동산 수익률이 천차만별로 달라진다.

흔히들 미국은 양도소득세가 낮은 대신 보유세가 높고 한국은 보유세가 낮은 대신 양도소득세가 높다고 한다. 지난 일부 정권뿐 아니라 19대 대선에 나왔던 대선 주자들 역시 높은 양도소득세에 대한 언급은 피한 채 "한국의 낮은 보유세를 올리겠다"고 공약을 내놓은 바 있다.

한국은 정말 보유세가 낮고 양도소득세는 높은가? 아니다. 결론부터 말하면 둘 다 높다. 미국의 양도소득세와 재산세 세부 내용을 들여다 보면 중산층이 안정적으로 집을 구입하고 넓혀갈 수 있도록 최대한 세제혜택을 제공하는 것에 초점이 맞춰져 있다는 걸 알 수 있다. 반면 한국의 양도소득세와 재산세는 모두 부동산에 대한 초과수요를 억제해 (즉 다주택자를 압박해) 가격의 하향안정세를 유도하는 것에 초점이 맞춰져 있다.

미국의 양도소득세

미국의 양도소득세는 영어로 '캐피털 게인 택스Capital gain tax'라고 한다. 일부 경제분야 번역서를 보면 이걸 사전 그대로 직역해 자본소득세, 자본이득세 등의 아리송한 용어로 번역을 하는데, 사실 여기에 해당하는 한국의 과세항목은 양도소득세다.

한국도 그렇지만 미국의 양도소득세 역시 구조가 조금 복잡하다. 주별로 다르지만 일단 캘리포니아를 예로 들어 보면, 기본적으로 2년 이상 거주한 1가구 1주택이 면세라는 것은 한국과 같다. 다만 한국은 집값을 기준으로 삼아 9억 원 이하 주택은 면세고 9억 원 이상은 초과분에 대해 누진세로 양도소득세를 부과하는데, 미국의 경우 집값과는 상관없이 양도차익 규모에 따라 개인은 50만 달러, 부부는 100만 달러까지 비과세다. 즉 부부가 20억 원짜리 집을 사서 2년 거주하다 30억 원에 매도할 경우 미국은 전액 면세로 양도소득세가 0인데 반해 한국은 취득세와 중개수수료, 법무사비용 등 필요경비 감면을 받아도 약 2억 4,000만 원 정도를 양도소득세로 내야 하는 것이다.

1가구 2주택 이상인 경우 차이는 더욱 극명하다. 한국은 1가구 2주택 이상인 경우 그 세율이 정권 별로 또 시기별로 매우 복잡다단하다. 2주

미국의 양도소득세

2016년 기준

연수입 – 독신	연수입 – 기혼	적용 양도소득세
~3만 7,650달러	~7만 5,300달러	0%
~41만 5,050달러	~46만 6,950달러	15%
41만 5,051달러 이상	46만 6,951달러 이상	20%

택인 경우 '최대 38%+주민세'로 과세되며, 한 때 3주택인 경우 '양도차익의 60%'를 세금으로 가져가는 징벌적 과세제도가 시행된 적도 있었다.

반면 미국은 1가구 1주택 면세 규정만 있으며 2주택 이상은 집이 몇 채라도 일반적인 양도소득세율인 최고 20%만을 적용한다. 매도자의 소득에 따라 주 별로 상이하지만 20%보다 낮은 세율을 적용하며, 아무리 소득이 높거나 집값이 비싸더라도 20%를 넘지 않는다.

위 표에서 보듯 실제 소득 부부합산 소득 7만 5,300달러 이하인 중산층 부부는 집이 아무리 많아도 양도소득세를 내지 않는다. 부부합산 소득 5억 원이 넘는 대부분의 부유층들도 15~20%가 한도이기에 한국에 비하면 비교가 안 될 정도로 양도소득세 부담이 적다.

미국의 양도소득세 이월 제도

양도소득세 이월 제도는 재산세 항목의 '재산세 인상 상한한도' 제도와 더불어 미국의 '내 집 마련' 돕기 정책의 하이라이트라고 할 수 있다.

양도소득세 이월은 쉽게 말해 집을 판 후, 판 집과 가격이 같거나 더 비싼 집을 살 경우 다음에 더 싼 집을 살 때까지 양도소득세를 이월해 주는 것이다. 계산하기 쉽게 혼자 사는 미국인이 10억 원에 산 집을 17억 원에 팔고 다시 20억 원짜리 집을 샀다고 치자. 양도차익 약 5억 원까지 면세니 나머지 2억 원에 대해 양도소득세 15%를 내야 한다. 7억 원을 남기고 3,000만 원(2억 원×15%)을 세금으로 내는 것이니 굳이 억울할 것은 없지만, 미국에서는 이마저도 더 비싼 집을 산다고 하면 세금을 이월해준다.

면제가 아니고 이월이다. 그럼 언제 그 세금을 다시 내야 하는 걸까? 판 집보다 싼 집을 사거나 집을 안 사면 그 동안 이월 받은 양도소득세를 납부해야 한다. 집을 팔고 180일 안에 새 집을 구입해야 양도소득세 이월 혜택을 누릴 수 있다.

그렇다면 왜 이런 제도를 도입한 것인가? 국민들이 마음 편하게 재산 증식을 하고 집을 늘려갈 수 있게 하기 위해서다. 평균적으로 미국인이 대학 졸업하고 직장 잡고 결혼해서 집을 사는 나이는 2015년 기준 33세다(1970년대 29세에 비해 대폭 올랐다. 미국도 집값이 많이 올라 생애 최초 구매자 연령 역시 가파르게 상승하고 있다). 생애 최초 구매자가 구매하는 평균 집값은 14만 달러다. 반면 미국의 평균적인 집값은 24만 달러다(물론 지역에 따라 천차만별이다. 샌프란시스코의 평균 집값은 119만 달러에 달한다).

30대 초반에 비교적 작은 집을 구매한 젊은 부부는 수입이 늘고 아이들이 커감에 따라 최초 구매한 집을 팔고 보다 크고 비싼 집을 구매하게 된다. 이 때 정부가 개입해 양도차익의 일부를 세금으로 가져가면 어떻게 될까? 생애주기에 따라 집을 늘려가려는 젊은 부부의 건실한 노력을 도와주기는커녕 방해를 하는 셈이다.

그래서 미국 정부는 젊은 층들이 작은 집을 사서 가정을 꾸리고 그 가정이 커감에 따라 보다 큰 집을 사서 이사하는 생애주기를 위해 양도소득세를 거두지 않는 것이다. 다만 면세가 아닌 이월을 해주고, 나이가 찬 노부부가 자식들 다 분가시키고 작은 집으로 줄여나갈 때 비로소 이월해둔 세금을 받는 것이다.

이 제도는 연방법으로 모든 주에 적용이 되며, 주거용 부동산뿐 아니라 상업용 부동산에도 적용된다. 자영업자나 임대사업자가 사업을 키워가는 동안에는 정부가 최대한 이를 도와주고 장려한다는 의미이다.

미국의 재산세

재산세는 한국이 미국보다 낮다고 알려져 있다. 과연 그럴까? 한국의 재산세는 3억 원 초과 주택의 경우 0.4%다. 이는 시세가 아닌 공시지가를 기준으로 하며 또 과세표준은 공시지가의 60%를 적용하기에 실제 시세 대비 재산세율은 0.2% 이하라고 보면 된다.

그런데 종합부동산세, 일명 종부세라는 복병이 숨어 있다. 과거 정부에서 부동산 가격을 잡겠다고 도입한 일종의 징벌적 과세제도로 '부동산 사치세'쯤 되겠다. 종부세는 대략 1~2% 정도를 세금으로 낸다. 역시 시

2016년 기준

낮은 주 (평균)			높은 주 (평균)		
1	하와이	0.28%	1	뉴저지	2.38%
2	앨라배마	0.43%	2	일리노이	2.32%
3	루이지애나	0.51%	3	뉴햄프셔	2.15%
4	델라웨어	0.55%	4	코네티컷	1.98%
5	컬럼비아 특별구	0.57%	5	위스콘신	1.96%

한국: 0.2(일반주택)~1.5%(고가주택)

세보다 낮은 공시지가를 과세기준으로 삼으니 고가주택 소유자의 재산세와 종부세를 합한 실제 세율은 대략 1~1.5% 선으로 보면 된다.

표를 통해 미국의 실효 재산세율을 보자. 실효라는 말은 '시세를 기준으로 한 재산세율'이라는 의미다. 미국의 재산세는 국세가 아니라 지방세이고, 우리로 치면 군이나 구에 해당하는 카운티County 별로 다르다. 이 카운티 별로 엄청난 편차를 보이고 또 이를 주 별로 계산해 평균해도 차이가 크다. 실제 서울을 기준으로 보면 그리 고가도 아닌 십수억 원의 주택을 보유한 사람은 미국 평균보다 훨씬 높은 재산세를 부담하고 있다.

미국이 더 높다던 재산세가 일부 주로 가면 한국의 일반주택 재산세와 별로 다르지 않다. 고가주택과 비교하면 한국이 다수의 미국주보다 오히려 높다. 실제 한국의 고가주택보다 높은 재산세를 부과하는 미국의 주는 몇 개 되지 않는다.

그렇다면 미국의 재산세는 왜 이리 편차가 심할까? 특정 지역의 재산세가 높다면 낮은 지역으로 이사를 가지 않을까? 그렇지 않은 이유는 미국의 재산세는 철저하게 지방세이고 우리로 치면 한 국가에 맞먹는 주 단위가 아닌, 군이나 구 단위에 불과한 카운티 별로 과세되기 때문이다. 미국인들에게 재산세는 국방비도 사회보장도 아닌 내가 사는 이 지역을 위해 쓰인다는 믿음이 있다. 실제 미국은 부촌과 빈민가의 사회 기본 인프라스트럭처가 하늘과 땅 차이다.

미국에서 재산세를 많이 걷는 동네는 이 재산세를 해당 지역에서만 쓴다. 미국의 공공도서관은 주로 카운티에서 운영하는데 재산세를 걷는 주체가 바로 카운티다. 재산세가 높은 동네는 공공도서관, 도로망, 가로수, 그리고 공립학교 시설부터 차이가 난다. 미국의 지역 케이블 뉴스를 보다 보면 흑인 지역 공립학교 앞에서 잘 차려 입은 백인 아주머니들이 피켓을 들고 데모하는 광경을 간혹 볼 수 있다. 화장실이 망가지거나 난방시설이 고장 나 방치된 공립학교에 예산을 투입해 수리한다고 신문에 나자 부촌 사람들이 와서 "왜 우리가 낸 재산세를 다른 동네에 쓰냐"고 항의하는 것이다.

지금 이 시위의 옳고 그름을 판단하자는 건 아니다. 심정적으로 '그 정도는 봐주지'라는 생각도 든다. 하지만 미국 사회에서 뿌리깊은 생각은 '내가 내는 재산세는 내가 사는 동네를 잘 가꾸기 위해서 쓰인다'라는 것이고, 바로 이러한 믿음이 존재하기에 지역별로 천차만별인 재산세에 대해 조세저항이 없는 것이다. 그 믿음이 깨어지면 조세저항이 생긴다.

반면 한국의 경우 재산세는 지방세이지만 종부세는 국세다. 실제 재산세보다 훨씬 높은 세율로 부가되는 종부세는 내가 사는 지역을 위해 쓰이는 것이 아니라 국세로 들어가 재정자립도가 10%도 안 되는 일부 지역에 중앙교부금의 형태로 주어진다.

미국의 재산세 인상 상한한도

재산세 인상 상한한도제도는 앞서 말한 양도소득세 이월제도와 함께 '내 집 마련'을 지원하는 미국 부동산 제도의 꽃이다. 부동산 가격이 아무리 오르더라도 매년 내는 재산세는 전년도 재산세를 기준으로 일정 % 이상 오를 수 없게 상한선을 만들어 놓은 것이다.

왜 이런 제도를 도입했을까? 이를 이해하려면 미국에서 얘기하는 커뮤니티Community의 의미를 이해해야 한다. 한국에선 '한국인들은 정이 있어 마을 노인들을 공경하고 반상회 등을 통해 이웃 간 정을 나누지만, 미국이나 서구는 옆집에 누가 사는지도 신경 안 쓰는 개인주의'라는 편견을 가지고 있다. 하지만 미국에서 바람직하게 생각하는 커뮤니티란 한국에서 말하는 '정이 넘치는 마을'을 말한다.

간혹 미국에서 천문학적인 연봉을 받는 야구선수나 농구선수들이 커뮤니티 서비스 차원에서 동네 초등학생들에게 야구코치, 농구코치를 해준다는 기사를 볼 수 있다. 이런 '마을 자원봉사'는 부촌일수록 더 잘되어 있다. 한 동네 주민들이 모여 학교나 도서관 등에서 아이들을 가르치고 야외 활동을 하는 등 공동체를 형성해 살아가는 것이다.

미국 정부는 이것이 건전하고 안정된 사회를 만드는 기반이라고 믿고 있다. 이를 통해 자연스레 마을 주민들이 서로 알게 되면 "어른을 공경하라"는 표어를 써 붙이지 않아도 주말에 나와 축구를 같이 해주고 음식 조리법을 가르쳐주는 이웃 어른들과 자연스럽게 정을 쌓고 예의를 갖추게 되는 것이다.

이를 위한 기본전제는 '이사를 자주 다니면 안 된다'는 것이다. 주민들의 들고남이 잦으면 누가 누군지도 잘 모르고 내가 언제 떠날지 모르는 동네를 위해 봉사하고 싶은 마음도 줄어든다. 또 언제 이사 가서 사라질지 모르는 이웃들과 교분을 쌓고 싶은 마음도 줄어들게 된다.

무엇보다 미국 정부가 막으려는 것은 주민들의 잦은 이동에서 비롯되는 익명성과, 이 익명성 뒤에서 저질러지는 범죄의 증가다. 주민들의 이사가 잦은 동네는 범죄율도 높고 학생들의 학업성적도 낮아지며, 미국에서 매우 중요하게 생각하는 고등학교 졸업률 역시 낮아지는 것이다.

이게 재산세와 무슨 관련이 있을까? 보다시피 미국의 재산세는 결코 낮은 수준이 아니다. 좋은 동네일수록 1%를 넘어 2%가 넘는 곳도 많다. 10억 원짜리 집에만 살아도 매년 2,000만 원을 내야 하는 곳이 적지 않다는 말이다.

그런데 부동산 경기가 좋아 집값이 두 배로 올라 20억 원이 되었다고 치자. 재산세도 2배 늘어 4,000만 원이 되었다. 물론 낼 수 있는 사람도 있겠지만 미국이나 한국이나 10억 원짜리 집에 사는 사람이 아주 부자거나 고소득자는 아니다. 연봉 1억 원을 받더라도 아이 두셋을 키우며

빠듯한 예산에 난데없이 재산세 2,000만 원이 오르면 감당하기 힘든 가정이 분명 나온다. 처음 10억 원짜리 집을 살 때 '이정도 재산세는 부담할 수 있다'고 생각해서 샀지만, 소득은 그대로인데 집값이 올랐다고 재산세가 2배로 오르면 감당하지 못하고 집을 팔아 이사 갈 수밖에 없는 것이다.

미국 정부는 이런 일을 막기 위해 재산세 인상 상한 제도를 두었다. 이 역시 카운티 별로 다양해 일괄적으로 말하긴 힘들지만 보통 1~2% 정도 상한선을 둔다. 조금 더 정교한 제도를 운영하는 카운티는 CPI, 즉 미국 정부에서 매년 발표하는 소비자 물가지수를 상한선으로 둔다.

그럼 집값이 떨어지면 어떻게 될까? 재산세는 집값이 떨어진 만큼 떨어진다. 모든 카운티는 예를 들어 '올해 재산세는 전년도 재산세에 집값 상승·하락률과 물가상승률 중 낮은 쪽을 곱해 산정한다'는 식으로 재산세를 결정하기 때문이다.

집값이 아무리 올라도 카운티 별로 미리 정해놓은 1~2%의 상한선이나 매년 2%를 잘 넘지 않는 물가상승률 이상으로 재산세가 오르지 않는다. 집값이 떨어지거나 드물게 물가가 내려간 경우 재산세도 당연히 내려간다.

이 제도의 가장 큰 수혜자는 누구일까? 당연히 오래 전 그 동네에 이사 와서 집을 안 팔고 계속 살던 사람이다. 이 제도하에서는 같은 동네 같은 시세의 옆집에 살아도 재산세가 몇 배씩 차이 나는 경우가 많다. 플로리다의 한 부동산 사업가도 20년 째 살고 있는 동네의 집값이 폭등하면서 새로 이사온 사람들이 자신보다 몇 배씩 재산세를 더 내고 있다며 매우 좋아했다. 재산세가 많이 걷히니 동네가 더 좋아질 거라고 말이다.

이쯤에서 많은 독자들은 10년쯤 전에 한 정권의 고위관료가 한 유명한 말이 떠오를 것이다. "종부세가 올라서 감당하기 힘들다고? 그럼 강남 팔고 분당으로 가면 될 것 아닌가?" 국가를 운영하는 기본 철학 자체가 다른 것이다. 참고로 우리나라 종부세도 연간 상한선은 있다. 얼마일까? 50%다.

우리나라에도 최근에 이런 커뮤니티를 강조하는 정책이 있다. 우리나라에서 가장 큰 지자체장이 주도하는 마을공동체 사업이다.

재미있는 건 이 지자체장은 앞서 '강남 팔고 분당 가라'던 정권과 정치적 맥락을 함께 하는 사람이고, 한 때 대선후보로도 꼽혔던 이 지자체장의 부동산 세금 정책 역시 미국식 주거안정을 돕는 방식과는 거리가 있다는 점이다.

그렇다면 지자체의 핵심세원인 재산세를 올리지 않으면서까지 주민들을 한 곳에 정착시켜 사회 안정을 꾀하려는 미국의 정책과 비교해, 이 지자체장의 마을공동체 정책에는 어떤 내용이 담겨 있을까?

먼저 지자체 예산 수백억 원을 확보하고(발표 당시인 2012년 예산 724억 원), 마을 별로 공동체 활성화 프로그램을 심사해 적게는 수백만 원에서부터 많게는 수천만 원까지 예산을 지원하는 것이다.

어딘지 모르게 새마을 운동 냄새가 물씬 풍기는 이 마을별 프로그램을 심사하고 지원 예산을 집행하기 위해 기존의 공무원 조직과는 다른 별도의 사단법인을 만들었다. 이 사단법인의 장과 이사진은 해당 지자체 장과 오랜 기간 함께 시민운동을 해온 이들이 시민활동에 대한 전문성을 인정받아 맡아오고 있다.

변화무쌍!
한국의 부동산 세금정책

한국의 양도소득세

주 별로 차이는 있지만 일관성을 유지하는 미국의 양도소득세와 달리 한국의 양도소득세, 특히 부동산 관련 양도소득세는 그 변천이 복잡하다. 아이러니하게도 부동산에 대한 세금의 절대적 영향력을 양국 정부가 모두 동일하게 인식한다는 반증이기도 하다.

미국 정부 역시 부동산에서 세금의 중요성을 이해하기에, 국민들이 삶의 터전을 마련해 안정적인 생활을 영위하게끔 하기 위해 세금제도를 예측 가능한 범위 안에서 운용한다. 정부가 시장에 직접 개입하지 않고 내 집 마련을 지원하는 가장 효율적인 방법이 세제혜택이라는 인식이 있기 때문이다.

한국도 마찬가지다. 치솟는 집값을 때려잡는 데는 한 때 정부관계자

입에서 대놓고 "세금 폭탄"이란 말이 나왔을 정도로 '세금을 왕창 때리는 것'만큼 효과적인 방법도 없기 때문이다.

세금의 효과에 대한 양국 정부의 인식은 동일하나 그 정책 목적이 다르기 때문에 미국은 변동 없이 예측 가능한 부동산 세금정책을 운용하는 것이고, 한국은 그때 그때 부동산 가격 동향에 따라 고무줄처럼 변하는 부동산 세금정책을 운용하는 것이다.

그렇기 때문에 한국 부동산, 특히 주거용 부동산 투자를 하려면 이 세금정책의 변화를 세밀하게 모니터링해야 한다. 내야 하는 세금의 변화에 따라 투자 수익률이 변하는 것은 물론 특정 부동산이 투자자들의 관심을 받기도 하고 외면 받기도 하기 때문이다.

상업용 부동산의 경우 이런 세금정책의 변동으로부터 비교적 자유롭다. 상가나 빌딩은 한국 정부가 민심 안정을 위해 억눌러야 하는 대상이 아니다. 그렇기 때문에 한국 주거용 부동산에 한해 '정책'이 부동산의 제3요소가 되는 것이다.

한국 부동산 양도소득세는 매우 변화무쌍하다. 여기서 한 가지 주목할 점은 대개의 변화가 '다주택자'와 '고가주택'에 초점이 맞춰져 있다는 것이다. 서울의 일부 지역 국민주택(전용 면적 25.7평) 규모 아파트 평균 가격이 10억 원을 넘어선 지금 '과연 9억 원 이상이 고가주택이냐'란 이슈는 차치하더라도, 일단 서민 주택 한 채만을 보유한 사람이라면 이 양도소득세의 변화와 큰 관련이 없어 보인다.

그렇다면 '나는 월급 열심히 모아 강북에 25평 아파트 한 채 마련하는

게 목표니까 양도소득세 변화는 몰라도 되겠네'라고 생각할 수도 있지만 그게 꼭 그렇지 않다. 고가주택을 대상으로 하는 양도소득세 변화에 따라 강북의 25평 아파트 가격이 춤을 춘다. 양도소득세나 재산세 변화를 예측하면 강북의 25평 아파트를 조금 더 싸게 사거나 혹은 고점에서 사는 것을 피할 수 있다. 그 이유는 다음과 같다.

최근 소형 아파트가 대세라고 한다. 독신가구가 늘고, 아이를 낳더라도 한둘만 낳는다. 이에 따라 강남 일부 지역을 제외하고는 중대형 아파트가 찬밥신세를 면치 못하고 거래도 잘 되지 않는다. 심지어 중소형 아파트와 가격 차이조차 별로 나지 않을 정도다. 중대형 아파트가 원래 이렇게 비인기 품목이었을까?

독신가구의 증가와 이에 따른 소형 주택 선호 예측은 어제 오늘 일이 아니었다. 이미 2000년대 초반부터 그 트렌드가 시작되었으며 많은 사람들이 예상하고 있었다. 부동산의 '공급'처럼 인구 변화 역시 예측이 필요 없이 관찰만으로 충분한 영역이기 때문이다.

"소비주역 싱글족 잡아라"라는 제목의 2005년 4월 22일자 문화일보 기사만 봐도 이미 어느 정도 예측했다는 걸 알 수 있다. "지난 2000년 227만 가구였던 1인가구수가 2005년 268만 가구로 증가한 뒤 2010년에는 300만 가구를 넘어설 것으로 예상된다."

그렇다면 이미 십 수 년 전부터 독신가구 증가와 핵가족의 변화가 감지되었는데, 왜 이제서야 소형 주택이 인기를 얻는 것일까? 많은 사람들이 이미 그런 예측을 하고 있던 10년 전에는 왜 소형 주택이 인기가 없었

│ 점점 늘어나는 독신가구

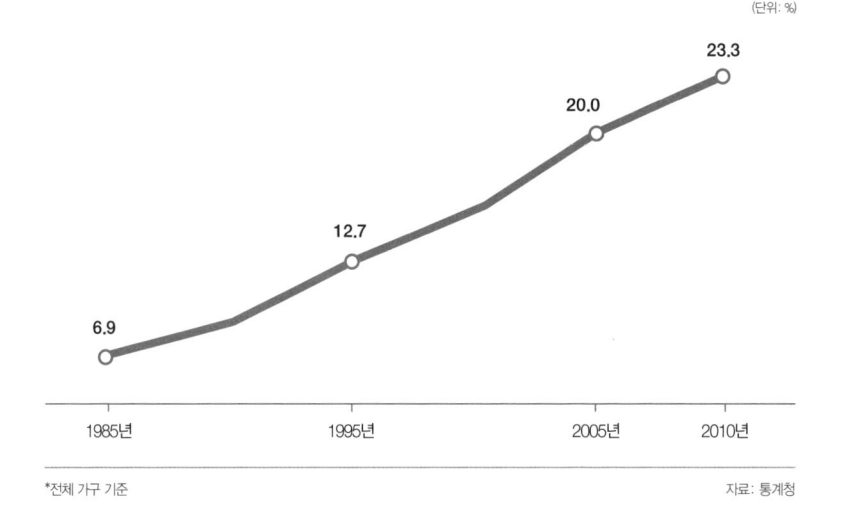

(단위: %)

23.3

20.0

12.7

6.9

1985년   1995년   2005년   2010년

*전체 가구 기준   자료: 통계청

을까?

　"작은 것 이것 저것 사는 것보다는 똘똘한 중대형 한 채가 낫지 않
아?" 지금으로부터 약 10여 년쯤 전에 후배가 한 말이다. 직장 핵심부
서에 근무하며 20대에 강남 재건축 아파트를 구입하는 등 부동산 투
자에 높은 관심과 내공을 보이던 똑똑한 후배였다. 당연히 맞는 말이
었다.

　그 무렵 난 부동산 투자에 한참 재미가 붙어 주말이면 경기도 지적도
를 차에 싣고 드라이브 삼아 서울과 수도권 일대를 돌며 부동산을 보러
다녔다. 그리고 신분당선이 예정된 분당 정자동과 분당선 연장선 지역인
수원 영통 일대 소형 아파트를 한 채 두 채 사 모으기 시작했다.

하지만 시장 흐름은 정 반대였다. 부동산 활황을 타고 작은 것 여러 채보다는 중대형 아파트 한 채를 보유하는 게 낫다는 인식이 팽배했었다. 왜 그랬을까?

당시 정권에서는 부동산 폭등을 세금정책으로 잡으려 했는데 언제나 그렇듯 만만한 것이 '다주택자'였다. 모든 세금이 마찬가지지만 급속하게 세금을 올리면 조세저항에 직면하게 된다. 하지만 당시 '다주택자는 투기꾼'이라는 누명을 씌우기에 충분한 국민적 공감대가 형성되어 있었다. 무엇보다 무주택자나 1주택자의 절대적 숫자가 다주택자보다 많기 때문에 다주택자를 투기꾼으로 몰아 세금 폭탄을 때리면, 부동산 폭등에서 소외된 무주택·1주택자들의 정신건강에도 도움이 되어 선거에 유리하기 때문이다.

이에 당시 정부는 다주택자를 겨냥해 양도소득세는 무려 60%까지(3주택 이상인 경우) 올리고 재산세는 종부세 제도를 도입해 말 그대로 '세금 폭탄'을 던졌다. 시장은 빠르게 반응했다. 다주택자들은 양도소득세 폭탄을 피해 꼭 가지고 가야 하는 한 채를 남기고 급매로 던지기 시작했다. 당연히 수도권 외곽이나 강북 소형 아파트, 빌라 등을 처분했고 강남이나 분당 등 인기 지역의 대형 아파트를 보유했다.

그러자 신규 매수자들도 소형주택을 꺼리기 시작했다. 소형 실수요자들조차 매수는 줄고 매도는 늘어나는 소형 아파트를 '한 물 간 투자'로 여겼다. 중형 주택에 살면서 여윳돈으로 소형 주택을 한 채 더 살까 하던 투자자들은 아예 큰 대형 주택을 구입해 직접 거주하는 것으로 투자를 대체하기 시작했다. 2000년대 중후반 분양되었던 경기도 일대 파주, 수지, 김포 등지에 60~70평대 대형 아파트가 빼곡히 들어선 배경이기도 하다.

소형 주택이 대세가 된 최근 부동산에 관심을 가진 젊은 층들이 수지, 파주 일대 60평대 아파트에 사는 노부부를 보면서 현명하지 못한 판단이었다고 비웃는 경우를 종종 본다. 저런 팔리지도 않는 큰 집을 누가 사느냐고, 노인들은 소형 주택이 대세라는 것도 모르냐고 말이다.

하지만 그 분들이 그 집을 구입하던 당시 대형 아파트는 지금의 소형 주택 못지않게 시대의 흐름이었다. 그 분들은 지금 소형 주택을 구입하는 사람들만큼이나 당대의 '부잘알(부동산을 잘 아는 사람)'이었던 것이다.

분명 소형 주택 인기는 시대의 흐름이다. 멀리 보면 1990년대 이미 '핵가족화'라는 말이 유행했을 정도로 이미 오래 전부터 예측되어온 현상이다. 물론 세대원 수가 줄었다고 해서 꼭 집 크기까지 줄어든다는 보장

▌1인당 주거용 면적 국가별 비교

2008년 기준

국가	1인당 주거용 면적
미국	62.1㎡
네덜란드	56㎡
프랑스	53㎡
영국	43㎡
일본	37.3㎡
한국	27.8㎡

자료: 국토해양부

은 없다. 한국의 1인당 주거용 면적은 일반적으로 작은 집에 산다고 생각하는 일본보다도 작다. 1인당 주거용 면적은 소득 증가와 함께 늘어나는 경향이 있다. 한국도 소득이 늘면서 1인당 주거용 면적이 꾸준히 늘고 있다.

최근 유행하는 한국의 국민주택 규모(전용면적 25.7평) 이하 중소형 아파트는 공간배치가 매우 실용적이지만 여유가 없다. 작은 면적에 부부와 두 아이가 살 각각의 방에 화장실까지 2개나 만들려니 꼭 필요한 공간을 제외하고는 극단적으로 왜소하게 설계한 것이다.

앞으로 1~2인 가구가 늘게 되면 지금 4인 가족을 기준으로 설계된 공급면적 25평, 33평 아파트는 낡은 아파트, 옛날 평면으로 치부될 것이다.

▎ 늘어나는 1인당 주거용 면적

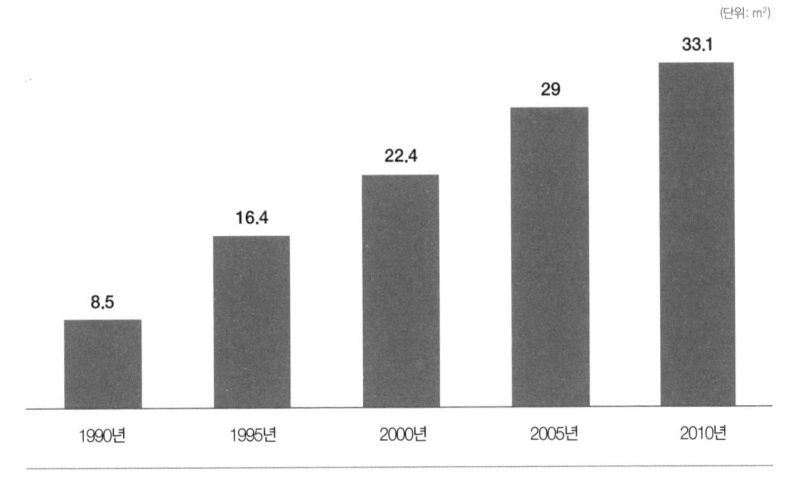

(단위: m²)

자료: 국토해양부

공급면적 25평 내외라면 안방 하나와 화장실 1.5개, 거실로 확장이 가능한 가변형 문을 가진 한남더힐 26평의 평면이 그 기준이 될 것이다. 1~2인 가구가 늘어 소형 주택의 인기가 지속되더라도 4인 가구에 맞게 설계되어 안방은 퀸사이즈 침대 하나 놓으면 꽉 차고 거실은 33평 아파트의 안방 만한 지금의 25평 구조는 외면 받을 수 있다는 말이다.

특히나 요즘과 같은 정권 교체기에는 양도소득세의 변화를 예측하거나 잘 관찰해야 한다. 이 변화에 따라 지금 유행하는 주택이 애물단지가 될 수도, 현재 애물단지 취급을 받는 부동산이 금송아지로 거듭날 수도 있다. 참여정부 시절처럼 다주택자를 겨냥한 세금정책이 강화되면 다시금 '똘똘한 한 채'를 선호하는 세상이 돌아올 수도 있다.

양도소득세는 팔 때 내는 세금이기 때문에 예측이 중요하다. 다행인 것은 수요와 달리 대통령의 성향과 정책 방향은 그 동안의 정치적 행보를 통해 충분히 예상할 수 있다는 점이다. 이 점은 이후 좀 더 자세히 다루겠다.

다주택자는 투기꾼일까 투자자일까?

사는 집에 대한 감정적인 접근을 내려놓고 보면 주택시장 역시 자산시장의 일부다. 주식, 채권, 원자재, 곡물, 금리, 외환 등 타 자산시장과 같이 경기동향, 금리 등에 따라 가격이 오르내린다. 다만 일반 서민들의 생활과 밀접한 영향이 있기 때문에 정부에서 적극적으로 개입한다는 차이만 있다.

이런 자산시장에서 중요한 역할을 하는 것이 유동성이다. 유동성이란 시장의 거래량이다. 주식도 유동성이 높은 삼성전자, 현대차 같은 대형 주식은 언제든지 시세대로 거래가 가능하다. 하지만 거래량이 극히 적은 코스닥의 일부 주식이나 코넥스(코스닥 전 단계의 제3시장)에 상장된 주식 등은 비록 시세가 있더라도 내가 원하는 물량만큼을 그 시세대로 사거나 팔 수 없는 경우가 대부분이다. 거래가 극히 적기 때문에 내가 매수를 하거나 매도를 하는 순간 시세가 바뀌기 때문이다.

그래서 금융 시장에서는 이런 유동성을 공급하기 위해 LPLiquidity Provider(유동성 공급자)라는 제도를 운영한다. 대표적으로 뉴욕증권거래소에는 마켓메이커Market Maker라고 불리는 유동성 공급자들이 있다. 이들은 시세대로 나온 매도자의 매도물량과 매수자의 매수물량에 무조건 응하도록 되어 있다. 그리고 이들은 매수가와 매도가의 차이만큼을 수익으로 가져간다. 물론 시장이 폭락할 경우 손실을 본다.

믿기 힘들겠지만 한 때 뉴욕증권거래소는 0.1 단위가 아닌 1/8 단위로 매매가가 정해졌다. 10.1달러라는 주가는 존재하지 않고 10과 1/8, 즉 10.125달러라는 가격만이 존재하는 것이다. 이는 마켓메이커들의 수익을 확보해주기 위해 도입된 제도였다. 0.1 단위보다 0.125 단위로 거래되는 것이 마켓메이커들의 수익원인 매수가와 매도가의 차이를 늘려주기 때문이다.

이 제도는 벤처붐으로 인해 0.1 단위로 거래되는 나스닥이 급성장하면서 뉴욕증권거래소의 경쟁자로 부상한 2001년 폐지되어 현재는 뉴욕증권거래소 역시 0.1 단위로 주가가 산정되고 있다. 금융시장, 혹은 자산시장에서 유동성 공급자가 얼마나 중요한 위치를 차지하는지 알 수 있는 사례다.

그렇다면 주택시장으로 돌아와보자. 다주택자는 투자자일까? 아니면 투기꾼일까? 주식시장의 경우 클릭 한 번으로 거래가 완료되며 거래 비용도 그 거래 규모에 비하면 0에 가깝고 단위 당 가격이 매우 적다(삼성전자 주식이라고 해도 한 주에 200만 원 밖에 안 한다). 삼성전자 등 대형주는 불가능하겠지만 코스닥 소형주 같은 경우는 소위 '작전'이라 불리는 투기가 매우 심한 상황이다.

반면 주택시장은 아무리 비인기 지역 소형 주택이라고 해도 단위 당 가격이 수억 원에 달하고 그 거래비용이 만만치 않으며, 매매과정이 길고 복잡하여 원천적으로 금융시장 같은 투기가 일어나기 힘들다.

하지만 주택시장에도 투기는 존재한다. 바로 분양권 시장이다. 분양권 시장은 주택시장 같은 실물 시장이 아닌 권리를 사고 파는 일종의 금융 시장에 가깝다. 실물을 확인하기 위해 발품을 팔 필요도 없고 무엇보다 집값 전체가 아닌 계약금과 프리미엄만 내면 되기에 실물 주택 가격의 10~20% 정도로 투자가 가능하다. 때문에 실제 떴다방이라고 불리는 투기세력들이 몰리는 시장이기도 하다.

이 분양권 시장이 과열되는 이유는 단순하다. 투자자가 아닌 이 떴다방들이 떼돈을 벌 수 있기 때문이다. 일반적으로 브로커라고도 불리는 중개업자는 매매건 당 수익을 올린다. 부동산만이 아니라 채권, 주식, 외환 등 모든 브로커는 투자자가 수익을 보든 손실을 보든 중개한 금액의 일정 비율만큼 수수료를 받아간다. 가격이 오른 만큼 수익이 나진 않지만 상승장에서는 거래량이 늘어 수수료가 늘고 어느 경우에도 절대 손실을 보지 않는다는 장점이 있다.

이 부동산 중개인들이 분양권 시장으로 사람들을 유혹할 때 꼭 쓰는 말이 있다. "목돈 필요 없고 3,000~5,000만 원 정도만 투자하면 된다. 프리미엄이 1,000만 원만 되어도 수십 퍼센트 수익이 나는데 이걸 왜 안 하는가"라는 것이다. 주로 가정주부, 재테크에 막 눈을 뜬 사회초년생들이 이런 감언이설에 넘어간다. 실물주택에 투자할 만큼 종잣돈이 충분히 모이지 않은 계층이기 때문이다.

물론 이 말이 틀린 말은 아니다. 하지만 이들이 해주지 않는 말이 있다. 마치 내 투자금이 5,000만 원이니 설령 반 토막이 나더라도 2,500만 원만 손실을 보면 되는 것 같다. '설마 부동산이 1년 안에 반 토막 나겠어.' 이렇게 생각하도록 유도하지만 실제 투자자는 5,000만 원이 아닌 5억 원 또는 10억 원짜리 아파트 매매계약서에 도장을 찍는 것이다.

대개 이런 분양권 시장이 타깃으로 하는 단지는 계약금 비율이 10%, 심지어 5%인 곳도 있다. 5억 원짜리 아파트를 분양 받아도 계약금 5,000만 원만 내고 나머지 중도금은 대출로 해결한다. 5,000만 원만 투자해도 프리미엄 1,000만 원이 금방 붙는 비결은 여기에 있다. 내 투자금 5,000만 원 대비 20%가 상승해야 1,000만 원을 버는 것이 아니라, 전체 집값

5억 원의 2%만 올라도 1,000만 원을 버는 것이다. 아주 쉬워 보인다.

하지만 그 반대의 경우도 얼마든지 벌어진다. 전체 집값의 2%만 떨어져도 1,000만 원을 손해 보는 것이고 집값의 10%가 떨어지면 투자금 전체를 날리게 된다. 부동산시장이 냉각되어 20%가 떨어지면? 내 투자금을 모두 날리는 것도 모자라 5,000만 원을 추가로 물어내야 한다. 속칭 '마이너스 피'가 발생하는 것이다.

금융을 조금이라도 아는 사람은 이쯤에서 감이 올 것이다. 분양권 투자는 파생상품투자의 속성을 갖고 있다. 상당히 높은 레버리지를 활용해 고수익을 추구하지만 기초자산 가격이 조금만 변동하면 내 투자원금을 전부 날리거나 이도 부족해 원금의 몇 배 되는 손실을 감당할 수도 있는 것이다.

그러니 이런 분양권 투자는 앞서 말한 가정주부나 사회초년생 같은 이제 막 재테크를 시작하는 사람들이 아니라, 산전수전 다 겪은 베테랑들이 해야 하는 영역이다. 베테랑 중에서도 늘 현장에 상주하다시피 할 수 있는 시간 여유가 있는 사람들이 절대적으로 유리하다. 금융처럼 책상에 앉아 클릭으로 거래할 수 있는 시장이 아니기 때문이다. 현장에 상주하며 가격동향이나 거래량이 조금만 이상하면 바로 매도해 원금의 몇 배에 달할지도 모르는 잠재손실을 피해야 하는 것이다.

냉정히 생각해보자. 분명 본인도 분양권을 몇 개씩 들고 있을 부동산 중개인이 이런 하락장이 발생했을 때 전화 한 통에 내 분양권을 먼저 매도해줄 것으로 믿는가? 그럼 왜 일부 떴다방이나 중개인들은 이런 위험한 거래를 물정도 잘 모르는 사람들에게 권하는 것일까? 돈이 되기 때문이다. 그것도 꽤 큰 돈이 된다. 모든 분야의 중개인들이 거래 금액 대비 수수료를 받는 것은 동일하다. 하지만 이 분양권 시장은 그 구조가 조금 다르다.

마치 5,000만 원만 투자하면 되는 것처럼 권하지만 수수료를 받을 때는 조금 말이 달라진다. 국토교통부에서 정해놓은 규정만 봐도 분양권에 대한 중개수수료는 계약일 현재 납입한 금액에 프리미엄을 더한 금액을 기준으로 산정하게 되어 있다. 즉 투자금 5,000만 원의 0.5%인 25만 원을 수수료로 내는 것이 아니란 얘기다. 중도금 대출을 1억 원 받았다고 치자. 계약금 5,000만 원에 이 중도금 대출금액을 더한 1억 5,000만 원의 0.5%인 75만 원이 중개수수료가 되는 것이다.

현장에 가보면 상황이 또 달라진다. 국토교통부 규정대로 납입금액에 대한 비율이 아니라 '관행'이라며 건당 수수료 200만 원, 300만 원을 요구하는 사례가 허다하다. 내 투자금 5,000만 원을 기준으로 보면 5% 내외에 달한다. 이는 한국에서 존재하지도 않는 높은 수수료율이다.

이러니 분양권 시장이 열렸다고 하면 인근 모든 부동산 중개인들이 그 지역으로 몰려 떴다방에 참여하고 주변인들에게 분양권 투자를 권한다. 부동산 중개인 입장에서 이것만큼 단시일에 큰 돈을 챙길 수 있는 기회가 드물기 때문이다. 브로커의 말처럼 계속 시장이 상승하면 모두가 행복할 것이다. 하지만 늘 그럴 수는 없다. 경기가 좋더라도 사람의 욕심이 문제다. 이번 기회에 한탕 해야 하는 브로커들은 보다 많은 투자자들을 유인하기 위해 자전거래(세력끼리 짜고 하는 위장거래)를 통해 분양권 시세를 계속 조작한다. 이런 분양권 시장 과열은 필연적으로 인근 부동산 가격을 들썩이게 만들고 결국 정부당국이 개입하게 된다. 이럴 때 등장하는 가장 기본적인 정책이 분양권 전매제한이다.

이렇게 되면 현장에 상주하는 일부 부동산 중개인들은 본인들이 보유한 분양권을 '호구' 고객에게 넘기고 잠적한다. 이들의 꼬임에 넘어가 5,000만 원만 투자하면 되는 줄 알았다가 실제로는 5억 원짜리 아파트 매매계약서에 도장을 찍은 사람들이다. 이제는 거래도 안 되는 아파트 분양권을 떠안은 이들만 미친 듯 애가 타 들어가게 된 것이다. 팔려고 해도 분양권 전매 자체가 금지되어 팔 수도 없고, 분기 혹은 반기별로 나오는 중도금 납부통지서는 대출로 막으면서 입주 시점에 아파트 값이 오르기만을 바라는 상황이 된다.

그런데 보통 이런 상황이면 정부에서 분양권 전매제한과 함께 대출제한도 함께 하는 경우가 많다. 그럼 이 사람들은 은행권 대출까지 막혀 발만 동동 구르다가 결국 제2금융권을 찾아가 높은 이자를 부담하거나 이조차 안되면 고율의 연체료까지 물어야 한다.

이 상황이면 입주시점의 아파트값이 분양가에 본인이 낸 프리미엄, 취득세, 분양권 매수·아파트 매도 등 두 번의 중개수수료, 그 동안의 이자를 모두 합한 금액만큼 올라줘야 간신히 원금이라도 건져갈 수 있는 것이다.

따라서 주택시장이 과열될 경우에는 2016년 11.5 대책처럼 분양권 시장만을 대상으로 하는 정책이 바람직하다. 분양권 시장에도 당연히 실수요는 있지만 투기세력의 비중이 높기 때문이다.

반면 실물주택시장의 다주택자는 투기꾼이라기보다는 앞서 말한 '유동성 공급자'에 가깝다. 그래서 이 유동성 공급자들이 세금정책의 변화에 따라 특정 자산시장에서 사라지면(예를 들어 다주택자 중과세가 부활해 다주택자들이 소형주택을 매도하면) 이 시장의 실수요자들도 줄어든 거래량으로 매매에 어려움을 겪고 결국 가격이 하락하게 된다. 강남의 다주택자들이나 중대형 소유자를 겨냥해 양도소득세와 종부세가 강화되면, 강북의 소형 아파트 가격까지 하락하는 배경이다.

그런데 실물주택시장에서 가격을 조작하는 행위는 오히려 실수요자들이 주도하는 경우가 많다. 부동산 급등기나 폭락기에 임의로 하한가격을 정해놓고 이를 어기는 부동산 중개업소는 블랙리스트화해 보이콧하거나 심지어 낮은 가격에 내놓은 주민을 찾아가 협박이나 폭행하는 당사자들은 대부분 다주택자가 아닌 해당 단지에 거주하는 실수요자들이다.

한국의 재산세

'미국의 재산세' 부분에서 간략하게 살펴본 것과 같이 일부 계층에는 한국의 재산세(재산세+종부세)가 미국보다 결코 낮지 않고 오히려 일부 지역보다 훨씬 높은 것을 알 수 있다.

특히 한국은 재산세보다 종부세 항목을 잘 보아야 한다. 모든 부동산

| 종부세 부과대상

유형	과세기준금액
주택	6억 원 이상(1가구 1주택은 9억 원 이상)
종합합산 토지(나대지, 잡종지 등)	공시지가 5억 원 이상
별도합산 토지(상가, 사무실 부속 토지 등)	공시지가 80억 원 이상

에 예외 없이 부과되는 재산세와 달리 이 종부세는 부동산의 종류와 그 가격대에 따라 예외 항목이 워낙 많기 때문이다. 종부세가 강화되면 이 종부세를 피해갈 수 있는 틈새 시장으로 수요가 몰려 가격이 급등하게 된다.

앞서 양도소득세 부분에서 언급한 용인 수지의 대형 아파트가 한 예다. 지금 들으면 생소하겠지만 한때 수지의 대형 아파트가 붐이었던 때가 있었다. 당시만 해도 '정부의 개발정책을 따라 남하하면 돈을 번다'는 공식이 사람들 마음 속에 아직 살아 있는 시절이기도 했지만, 용인 수지의 대형 아파트는 기준 시가 9억 원 이상인 종부세에서 대부분 제외되었기 때문이다.

개발 계획에 따라 남하를 하면 돈을 버니 분당 다음으로 개발되는 수지, 죽전에 사람들의 관심이 쏠린 것은 당연했다. 다주택자는 양도소득세를 엄청나게 물리니 살던 집을 팔고 기왕이면 당장 종부세까지 면제되는 크고 좋은 집을 사서 1가구 1주택으로 편하게 살려는 것이다. 그리고 나중에 집값이 오르면 세금 부담 없이 처분한다는 것이 당시 수지로 이주한 '부잘알'들의 생각이었다. 이후 정권이 바뀌고 부동산시장이 가

라앉아 다주택자에 대한 징벌적 과세가 철폐되고 종부세 기준까지 완화
되면서 수지와 김포, 파주 등지의 대형 아파트는 희비가 엇갈리게 된 것
이다.

한국의 재산세, 특히 종부세는 해당 카운티에서만 사용되는 지방세인
미국의 재산세와 달리 조세저항이 매우 큰 항목이다. 한국의 종부세는
국세다. 더구나 종부세를 도입한 당시 정부는 지방균형 발전이라는 명분
으로 종부세 전액을 '부동산 교부금'이라는 별도의 항목으로 지방자치단
체에 나누어 주었다.

종부세는 90%가 수도권에서 걷히고, 특히 강남·서초·송파 소위 강
남 3구에서 전체 종부세의 50%가 걷힌다. 반면 교부금은 완화 직전인
2009년 기준으로 비수도권에 76%가 배정되었다. 수도권은 90%를 내고
24%를 받는 반면 비수도권은 10%를 내고 76%를 받아간 것이다.

그렇다면 이렇게 배부된 교부금이 낙후된 지역을 발전시키는 데 효과
적으로 잘 쓰이고 있는 것일까? 이 돈이 꼭 '우리 동네'는 아니더라도 국
민 복지나 국가 발전을 위해 잘 쓰인다는 믿음이 있다면 조세저항은 조
금이나마 완화될 수 있을 것이다.

언젠가부터 지자체들마다 참 다양하게도 스마트 시티, 게임허브 건설,
바이오단지 개발, IT벤처단지 육성 등등의 개발계획들을 경쟁적으로 내
놓고 있다. 물론 다 지역경제를 살리고자 하는 눈물 겨운 노력이었을 것
이다. 하지만 뜬금 없이 첩첩 산중에 게임허브를 건설해 해외 게임개발
사들을 유치한다 하고, 논두렁을 파헤쳐 IT벤처단지를 만들겠다는 황

당한 개발계획이 대부분이었다.

이런 개발계획들이 쏟아져 나오기 시작한 시기는 (우연일지 모르지만) 중앙정부가 종부세를 걷어 지방자치단체에 수조 원의 교부금을 뿌리기 시작한 시기와 마침 일치한다. 테마파크나 역사문화공원 역시 빠지지 않는 단골아이템이었고, 인구 몇만 명 되지 않는 지자체에서 몇 안 되는 방문객을 대상으로 공원을 조성하고 스마트 가로등이니 지능형 CCTV니 하는 첨단 IT기기에 대해 공사발주를 내기 시작했다.

이런 개발 계획이 모두 다 완공되지는 않았으나 그 개발계획 수립단계부터 청사진을 만들고 계획을 수립하는 연구용역으로 수십억 원, 설계하는 데 수십억 원, 토지를 매수하고 기반시설을 조성하는 데 또 수십, 수백억 원… 이렇게 지자체의 예산과 중앙정부의 지원금이 말 그대로 허공에 흩어진 것이다.

계획 단계나 기반시설 공사 단계에서 중단된 경우가 차라리 나을 수도 있었다. 완공된 테마파크나 IT단지, 바이오단지들은 텅 빈 시설로 방치되어 매년 유지보수비로만 수십억 원씩 잡아먹어 가뜩이나 재정자립도가 10% 미만인 해당지역들이 더욱 더 중앙정부 교부금에 의존하는 결과를 낳았기 때문이다.

이 과정에서 연구용역을 받은 수많은 군소 컨설팅사, 건축사무소와 기반시설 공사를 담당한 지방건설사들이 엄청난 수익을 올렸다. 또한 지방 소도시에서도 인적이 드문 외곽에 있어 시세조차 형성되지 않은 임야를 상속받아 그냥 가지고 있던 일부 지역 유지들은 이를 좋은 값으로 지자체에 매각할 수 있었다.

　이런 상황에서 '한국은 미국보다 재산세가 낮으니 종부세를 도입해서 보유세를 강화하겠다'는 정책은 아무리 '재산이 많으면 세금도 많이 내야 한다'고 그 당위성을 홍보해도 조세저항에 직면할 수밖에 없는 것이다.

부동산 정책의
숨은 속셈을 읽다

세금이야말로 정부가 시장에 직접 개입하지 않고 부동산, 특히 특정 부동산 섹터의 가격을 들었다 놨다 할 수 있는 상당히 효율적인 방식이다. 하지만 앞서 말한 대로 부동산 가격의 등락이 정권의 운명을 좌우하는 한국에서는 이 정도로도 모자란 경우가 많다. 부동산 세금은 부동산 가격을 근거로 부과한다. 이 부동산 가격이 제대로 신고되지 않는다면 아무 정책적 효과를 볼 수 없다.

가격은 고사하고 부동산 주인이 누구인지도 비교적 최근까지 공개되지 않았다. 부동산 실명제가 실시된 것은 1995년이다. 부동산 실거래가 신고가 의무화된 것은 2006년, 전면 시행된 것은 2007년이었다. 그 이전까지는 기준시가로 과세되었다. 실거래가 신고가 가능해진 것도 정부의 의지 못지않게 전산 발달의 역할이 컸다.

연도	정책	비고
1993	금융 실명제	
1995	부동산 실명제	전국 6만 5,976건 부동산 명의변경
2006	부동산 실거래가 신고 의무화	

1993년 금융 실명제에 이어 1995년 부동산 실명제가 실시되고, 1년의 유예기간을 주며 그 동안 명의신탁했던 부동산을 실소유자 명의로 변경할 수 있게 했다. 그러자 무려 6만 건 이상의 부동산 명의가 변경되었다. 상황이 이러니 그 이전까지 세금정책으로 부동산을 아무리 잡으려고 해봐야 잡히지 않는 것이 당연했다. 집값을 잡으려면 세금 외 다른 정책들이 필요할 수밖에 없었다. 이미 실명제와 실거래가가 정착된 오늘날까지도 세금이 아닌 분양가 상한제, 전매제한, 청약제도 변경 등 여러 잡다한 정책들이 관성적으로 쓰이는 이유다.

또한 정책효과를 높이기 위해, 혹은 부동산 가격이 아닌 다른 정치적 목적을 달성하기 위해 많은 경우 정부가 시장 가격에 직접 개입하거나 공급의 주체가 되기도 한다. 정부가 시장에 직접적으로 개입한 가장 극단적인 사례는 역시 부동산 가격 안정을 정권의 목표로 삼았던 지난 참여정부였다. 집권 기간 동안 12번의 부동산 대책을 내놓았던 참여정부는 바로 전 정부였던 김대중 정부 시절 폐지한 분양가 상한제를 다시 도입하였고, 거기에 더해 유례없는 정책인 '민간부문 분양원가 공개'를 단행했다.

이 분양가 상한제 도입과 분양원가 공개가 왜 그리 중요할까? 이 제도 도입 전과 후의 아파트 품질이 달라졌기 때문이다.

앞서 설명한 1990년대 강남 일대 고급빌라 열풍은 분양가 상한제로 묶인 아파트 품질이 높아진 생활수준에 따른 눈높이를 못 따라가서 생긴, 일종의 틈새시장이었다. 그리고 외환위기 시절 부동산시장이 폭락하자 경기 부양을 위해 1999년 분양가 전면 자율제가 시작되었다. 이에 분양가 상한제 적용을 받던 기존의 삼성아파트, 현대아파트와는 품질이 전혀 다른 새로운 아파트 단지가 등장했다. 건설사들이 래미안, 자이, 힐스테이트 등 브랜드를 붙여 기존 분양가 상한제 단지 아파트들과 차별을 둔 것이다.

그리고 불과 8년 만에 분양가 상한제가 부활한 것이다. 이 분양가 상한제 부활이 시장에 미친 영향은 지대했다. 대표적인 예가 당시 개발된 판교 신도시다. 판교는 역대 정부에서 강남 대체 신도시 부지로 아껴놓은 곳이었다. 즉 강남이 노후화되면 이주하는 수요를 받아줄 고급 주택 단지를 염두에 두고 계획한 곳이었다. 하지만 참여정부는 여기에 분양가 상한제를 도입하고 임대주택을 대거 지으면서 전혀 다른 콘셉트의 신도시로 개발하였다.

판교에는 래미안과 자이가 없다

서울 사람들은 처음 들어보는 지방 건설사가 지은 아파트들이 대다수라는 것이 판교의 특징이다. 서판교에서 테라스형 아파트를 일부 분양한 힐스테이트를 제외하고는, 특히 판교 역세권으로 더 인기가 많은 동판교의 경우 래미안, 자이 등에 비해 선호도가 떨어지는 금호건설이 그나마 메이저 브랜드로 꼽힐 정도다. 반면 판교 이후 건설된 위례신도시에서는 래미안과 자이 등 메이저 건설사들이 서로 각축을 벌이고 있다. 왜 이런 현상이 벌어졌을까?

메이저 건설사들은 분양가 상한제 폐지 이후 래미안, 자이 등 신규 브랜드를 도입해 평면, 내장재 등이 기존과는 획기적으로 다른 새로운 단지에 적용하기 시작했다. 분양가 전면 자율화가 시작된 지 8년이 돼가면서 이미 시장에 확고하게 자리잡은 브랜드이기에 분양가 상한제를 적용받아 고급화가 힘든 단지에 붙일 수 없었던 것이다.

그렇다고 수익을 추구하는 민간 기업이 적자를 내면서까지 기존 래미안, 자이 단지들처럼 내장재를 고급스럽게 할 수도 없었고, 예전처럼 그냥 삼성아파트, 엘지아파트라고 부를 수도 없는 노릇이었다. 만약 정말 그렇게 이름 붙여도 이후 입주자 대표회의에서 아파트 외벽에 래미안, 자이라고 새로 도색을 할 것은 뻔한 일이었다.

이러한 이유로 메이저 건설사들은 판교 신도시라는 대규모 수주전에서 울며 겨자 먹기로 배제되었다. 그리고 그 빈 자리는 이지, 풍성, 모아, 서해, 한림, 진원 등의 지방 건설사들이 메웠다.

꼭 메이저 브랜드가 아니라도 아파트만 잘 지으면 무슨 상관이겠냐만, '싸게 잘 짓는 비법'은 나랏님이 강조한다고 해서 갑자기 생기는 것은 아닐 것이다. 분양가 자율화로 지하주차장이 일반화되면서(지하를 파는 데는 생각보다 많은 돈이 든다) 당시만 해도 지하를 2층까지 파서 주차는 전면 지하로 수용하고 지상은 차 없이 공원화한 아파트가 유행하기 시작할 때였다. 반면 판교의 일부 단지들은 분양가 상한에 맞추기 위해 지상주차장을 만들고 지하를 1층까지만 파서 만들었다.

판교의 모든 단지가 그렇다는 것은 아니다. 푸르지오 그랑블처럼 세대당 주차대수가 1.8대로 넉넉한 단지들도 있다. 하지만 중소형 건설사가 건설한 일부 단지들은 세대 당 1.1대로 주민들이 밤만 되면 이중 주차를 해야 하는 불편을 겪고 있지만 집값이 떨어질까 쉬쉬하는 실정이다.

그렇다면 강남 대체 신도시라던 판교에 왜 이런 일이 생겼을까?

판교에는 '휴거'가 있다

네이버 지도로 판교를 보면 군데군데 휴먼시아라는 단지명이 보인다. LH공사에서 분양하거나 임대하는 단지로 예전 주공아파트에 비하면 평면구성이나 내장재, 단지조경 등이 몇 단계 업그레이드되어 민간 단지에 비해 전혀 손색이 없다.

문제는 정부가 판교에 상당한 물량의 임대주택을 공급하며 여기에 휴먼시아라는 브랜드를 그대로 쓴 것이다. 있어서는 안 되는 일이지만, 주변 민간아파트 단지와 맞붙어 임대아파트를 대거 공급하며 휴먼시아에 사는 아이들이 학교에서 '휴거(휴먼시아 거지)'라는 놀림을 받아 사회적 문제가 되기도 했다.

그렇다면 한 때 강남 대체 신도시로 계획되었던 판교신도시에 왜 이렇게 많은 임대아파트가 배치된 것인가? 여기서부터는 따로 검증된 적이 없는 나 개인의 추측임을 확실히 밝힌다. 어디에서도 확인 받지 않은 생각임을 감안하고 읽어주기 바란다.

분당 입주 이후 성남시는 구성남과 분당의 서로 이질적인 두 지역으로 양분되었다. 철거민들이 주로 자리잡은 구성남과 '천당 밑의 분당'을 노래하며 대거 강남에서 이주한 분당구민들의 이질감을 해소할 방법은 없어 보였다. 문제는 서울과 인접하여 정치적으로도 중요한 성남시장이라는 자리다.

특별시도 아니고 광역시도 아닌 일개 시의 장인 이재명 성남시장이 서울시장이나 경기도지사와 비슷한 위치에서 대선후보로 거론될 수 있었던 이유가 뭘까. 이재명 시장 개인의 능력도 이유가 될 수 있겠지만, 분당을 품고 있으며 많은 면에서 서울시와 정책을 공유할 수밖에 없는 성남시의 특성 때문이기도 하다.

이 민선 성남시장 자리는 관선시장 출신이라는 배경 덕에 무소속으로 당선된 오성수 초대 민선시장이 수뢰혐의로 구속된 후 민주당 지역으로 분류가 되었다. 아무래도 저소득층이 많은 구성남이 다수를 차지하는 지역인 만큼 이후 선거에서 당연히 민주당의 김병량 시장이 당선되었다.

하지만 분당이 커지면서 점점 보수당, 즉 당시 한나라당 쪽으로 판세가 기울기 시작했고 결국 성남시장은 한나라당으로 넘어가 이대엽 시장

역대 민선 성남시장

재임기간(년)	시장	정당
1995~1998	오성수	무소속
1998~2002	김병량	민주당
2002~2010	이대엽	한나라
2010~현재	이재명	더민주

이 재선에 성공하는 상황까지 왔다. 게다가 국회의원과 시의원마저 분당은 '강남 동생'으로의 정체성을 명확히 보이며 한나라당 비중이 점점 늘어갔다.

성남은 서울시에 인접한 주요 지자체이기도 하지만 특정 성향의 정치인들에게는 포기할 수 없는 텃밭이기도 하다. 이석기, 이정희, 김재연 등 대중에 잘 알려진 소위 '경기동부연합'의 본진이 성남시이고 이들에게 성남은 정치적 근거지인데, 분당이 커지면서 한나라당에게 잠식당한 것이다.

결국 이들과 정치적 노선을 함께 하는 정부는 성남시 분당구에 속한 판교 신도시에 대거 임대아파트 단지를 짓는 것으로 대응을 했다. 이는 예상대로 큰 성공을 거두어 판교가 속한 성남시 분당구는 이제 구성남 못지않게 높은 민주당 지지율을 보이고 있고, 이재명 시장은 분당을 포함한 성남 전역에서의 확고한 지지기반을 발판으로 대권까지 노리게 된 것이다.

당시 한나라당은 부패한 수구정당이었고 여기 속한 이대엽 시장이 비

성남시의 2016년 20대 총선 결과

지역구	당선자	득표율
수정구	김태년 (더민주)	44.6%
중원구	신상진 (새누리)	43.4%
분당갑	김병관 (더민주)	47%
분당을	김병욱 (더민주)	39.9%

리혐의로 구속되니 성남 시민들이 깨끗한 민주당 쪽으로 표를 던졌다는 건 잘못된 해석이다. 바로 전임인 민주당 김병량 시장 역시 뇌물수수 혐의로 구속되었기 때문이다. 특정 정당의 청렴성보다는 계층의 변화가 선거 결과를 바꿨다고 보는 것이 타당할 것이다.

사실 성남시의 20대 총선 결과는 충격적이었다. 분당 지역구 두 곳 모두 민주당이 의석을 확보한 것이다. 진보의 텃밭일 것 같은 중원구에서 새누리당 의원이 나온 것이 의외인데, 사실 이것은 중원구에서 야권 단일화에 실패해 더불어민주당 은수미 후보가 38.9%, 국민의당 정환석 후보가 17.7%를 받아 새누리당이 어부지리로 당선된 케이스이다.

2003년 당시 참여정부는 2001년에 저밀도 전원도시로 계획된 판교신도시 개발계획을 대폭 수정했다. 주택 수를 원래의 1만 9,000세대에서 2만 9,700세대로 56% 늘리고 임대주택은 5,940세대에서 1만 661세대로 무려 79%나 증가시킨 것이다. 그리고 강력한 분양가 상한제를 적용해 메이저 브랜드의 대형 아파트 수는 대폭 줄이고, 국민주택 규모의 지방건설사 브랜드들로 채웠다.

그 결과는 20대 총선과 19대 대선에도 그대로 이어져 몇 개의 동에서나마 홍준표 후보가 1위를 한 강남과 달리 분당은 문재인 후보가 1위를 휩쓸게 되었다.

판교는 강남을 대체할 고급 주거단지로 많은 사람들의 기대를 받았었다. 현재의 판교는 그 당시의 기대와는 조금 다른 모습이다. 그게 잘못되었다는 말은 절대 아니다. 모든 사람들이 고급 주거단지를 원하는 것도 아니고, 판교처럼 좋은 입지에 중소형 건설사가 지은 아파트를 그리 비싸지 않은 가격에 공급하는 것은 좋은 일이다. 또 사회적 이슈는 좀 있을 수 있으나 민간 단지와 함께 임대아파트를 많이 공급해 다양한 계층의 사람들이 좋은 환경에서 더불어 사는 것은 충분히 바람직한 일이다.

하지만 투자 관점으로만 본다면 판교 신도시가 애초에 사람들이 기대했던 만큼의 높은 시세분출을 보여주지 못하고 있는 것도 사실이다. 앞서 말한 요소들이 '더불어 사는 사회'를 만드는 데는 보탬이 될 지 모르지만 '부동산 가격 형성'에는 제약요인이 되기 때문이다.

SH공사의 연구결과에 따르면 임대주택 100세대가 늘 때마다 반경 500미터 이내의 인근 집값은 0.7% 하락한다고 한다. 반면 SH공사는 같은 연구에서 임대주택이 들어서면 주변 집값이 평균 7.3% 상승한다는 희한한 결과를 내놓기도 했다. 하지만 이는 서울시의 임대주택이 대개 재건축 단지 내의 장기전세 주택이라서, 그리고 세곡이나 내곡 등 신규 택지지구 재건축 단지가 완공되어 주변 단지 가격을 같이 끌어올리거나, 허허벌판에 택지지구가 들어섰기 때문이라는 해석이 더 타당하다.

'임대주택이 들어서면 인근 집값이 오른다'는 연구결과는 다분히 정책적인 목적이라고 볼 수밖에 없다. 강남 대체 신도시를 꿈꾸며 판교에 투자한 투자자들은 기대에 못 미치는 가격형성에 실망할 수밖에 없었다. 이미 판교에 투자한 사람들 일부는 위례나 인근 분당으로 빠져나가고 있다.

판교 신도시의 시세는 정체된 반면 다음 타자인 위례의 시세는 빠르게 오르고 있다. 여전히 판교 시세가 높다고는 하지만 판교는 황금노선인 신분당선이 관통하며 광역버스가 완비되어 있고 경부고속도로와 분당수서 도로, 내곡도시고속도로와 용서고속도로에 외곽순환도로까지 거미줄처럼 고속화도로로 연결된 곳이다. 반면 위례는 지하철도 아직 요원하고 서울로 연결되는 몇 안 되는 도로도 아직 공사 중이다.

게다가 판교는 판교 테크노밸리라는 자족기반까지 갖춘 보기 드문 신도시임에도 불구하고 교통과 자족시설, 편의시설 모두 아직 미비한 위례와 이 정도 시세 차이밖에 못 보이는 것은 분명 실망스러운 일이다. 의미 없는 가정이지만, 만약 판교가 분양가 상한제를 적용 받지 않아 메이저 브랜드들이 들어왔고 임대아파트(특히 국민임대주택) 비중도 조금 더 낮았다면 아마 지금쯤 강남에 버금가는 시세를 보였을 것이다.

위례는 지금 당장 열악하기도 하지만 가까운 장래에조차 많이 개선될 기미가 보이지 않는 교통환경을 갖고 있다. 그럼에도 불구하고 메이저 브랜드 중대형 단지라는 프리미엄을 등에 업고 조만간 판교 시세를 따라잡을 기세를 보이고 있다.

임대아파트 싸움: 국민임대 VS. 장기전세·공공임대

판교와 강남에 국민임대주택을 대거 배치한 참여정부와 달리 이명박 정부 시절 추진된 위례는 임대 비율 자체가 낮다. 그리고 가장 어려운 계층이 주로 거주하는 국민임대주택보다는 중산층을 대상으로 하는 장기전세와 뉴스테이, 장교와 부사관들이 사는 군임대아파트로(해당 부지가 군부대였기 때문) 임대물량을 채웠다.

소셜믹스라는 정책은 다양한 소득층의 사람들이 어울려 산다는 그럴듯한 명분에도 불구하고 많은 사회적 이슈를 불러일으켰다. 대표적인 것이 '휴거'로 대표되는 청소년들 사이에서의 차별 이슈다. 소셜믹스 지역에 집을 자가로 보유한 사람 역시 집값 상승이 제한된다는 불만을 갖게 된다.

이런 사회적 이슈는 보는 시각에 따라 다양한 관점이 있을 수 있다. 이런 이슈에도 불구하고 다같이 어울려 사는 사회가 바람직하고 건전하다고 믿을 수도 있다. 그렇다면 과연 순전히 그러한 믿음 때문에 소셜믹스 정책이 추진되었을까?

한 때 판교를 방문할 때마다 운중천이 내려다보이는 동판교 핵심지역에 국민임대주택이 들어선 것을 보고 의아하다는 생각을 가졌다. 왜 굳이 이 금싸라기 땅에 임대주택을 지었을까 하는 의문이었다. 이건 '임대주택 사람들은 좋은 동네에 살면 안 된다'는 차별이 아니다.

임대주택을 지을 재원이 무한한 것도 아니고 당시는 이미 지방 여기저기에 혁신도시를 건설하느라 LH공사 부채비율이 천정부지로 높아진 시점이었다. 참여정부 출범 당시 191%였던 LH공사의 부채비율은 지방 혁신도시 사업 등으로 인해 이명박 정부 출범 당시인 2008년 무려 440%로 높아져 있었다. 혹자는 이명박 정부에서 LH공사의 부채비율이 정점을 찍었다고 하는데 이는 이미 정해진 사업을 수행하느라 관성으로 높아진 비율이다. 오히려 이명박 정부는 현대건설 사장 출신인 이지송 씨를 LH공사 사장직에 임명해 부채비율부터 낮출 것을 주문하기도 했다.

문제는 LH공사가 이렇게 누적된 부채를 줄이느라 본연의 중요한 임무 중 하나인 '임대주택 공급'이 줄어들었다는 것이다. 가뜩이나 선진국 대비 공공임대주택이 부족하다고 하는데 이런 금싸라기 땅에는 중대형 주택을 지어 시장가격으로 분양하고, 그 수익으로 조금 떨어진 곳에 더 많은 임대주택을 지으면 보다 많은 서민층이 혜택을 받지 않을까? 금싸라기 땅에 지은 임대주택에 운이 좋아 입주한 몇몇이 아니라 더 많은 사람들에게 혜택이 가게끔 말이다.

실제 같은 지자체에 속한 성남시 중원구 여수동에는 판교 바로 다음 시기에 개발한 여수 택지지구가 있다. 이 곳에는 이상하리만큼 임대주택이 별로 없다. 그리고 이곳의 집값은 판교의 2/3에 불과하다. 그렇다면 판교에 지을 임대아파트 일부를 분양아파트로 짓고 그 수익으로 같은 행정구역인 여수지구에 보다 많은 임대아파트를 지어 더 많은 서민들에게 혜택이 돌아가게 하지 않은 이유는 뭐였을까?

더욱이 임대주택 구성은 더 특이하다. 판교는 임대비율 자체도 35.9%로 여수지구의 29.4%에 비해 대폭 낮지만 임대주택 중에서도 가장 형편

판교와 여수 임대주택 비교

	전체세대수	임대수	임대비율	국민임대수	국민임대비율
판교(분당구)	2만 9,700세대	1만 661세대	35.9%	약 6,000세대	56.3%
여수(중원구)	2,666세대	784세대	29.4%	0세대	0%

여수지구 임대주택 분류

임대 종류	세대수	비고
10년 공공임대	510세대	10년 임대 후 분양전환
분납임대	274세대	10년 임대 후 분양전환 임대 기간 중 분양가 분납
총 임대세대수	784세대	10년 후 임대세대 수 0

이 어려운 계층을 위한 국민임대주택의 비율이 무려 56%나 된다. 반면 여수지구는 이 국민임대주택이 단 한 세대도 없다.

여수지구에 들어온 임대는 모두 10년 후 분양전환을 하는 임대주택이다. 반면 판교에 대규모로 지은 국민임대주택은 모두 분양전환이 되지 않고 반영구적으로 생활이 어려운 이들만 거주하는 주택이다.

사실 이 10년 공공임대와 분납임대는 이명박 정권에서 많이 보급한 임대주택 형태다. 이전 정권에서 강남과 분당 등 핵심지역에 국민임대주택을 대규모로 분양하니, 10년 후 분양전환이라는 방식을 통해 당장의 임대주택 공급 목표는 채우면서 궁극적으로는 해당 지역의 임대를 없애려는 정책인 것이다. 물론 새로운 정책은 아니고 원래 있던 5년 공공임대를 10년 공공임대로 개편하여 활용한 것이다.

여수지구에 그렇다고 국민임대주택을 못 지을 이유도 없다. 비슷한 시기에 건설된 강남 세곡지구에도 국민임대주택이 있기 때문이다. 서울시와 성남시 모두 국민임대주택 대신 분양전환 임대를 추진하고 싶은 이명박 중앙정부에 지자체장이 맞서는 형국이다. 차이점이 있다면 강남구에 국민임대주택을 최대한 많이 짓고 싶은 박원순 서울시장과 이미 잡은 고기인 성남시 중원구에 굳이 국민임대주택을 넣을 필요 없는 이재명 성남시장의 입장차이일 뿐이다.

국민임대주택이 많이 들어간 지역은 세수는 줄고 복지예산은 늘 수밖에 없다. 이는 모든 지자체장들의 공통된 고민이기도 하다. 이재명 성남시장 입장에서는 분당구에 들어서는 국민임대주택은 해당 지역구를 장악하는 데 도움이 되지만 이미 손에 넣은 중원구에 짓는 국민임대주택은 정치적으로 보탬도 안되면서 성남시 복지 예산만 더 들어가 정치적 실익이 없는 것이다.

지나고 보니 임대주택 공급도 정치의 일환이고 정치라는 것이 여러 가지 측면을 고려해야지 한 가지 면만을 보면 안 된다는 것을 뒤늦게 깨달았다.

다음 목표는 강남이다

보수진영으로 넘어가려던 성남을 구해내고 분당구를 민주당 손에 넘겨주며 판교에서 큰 성공을 거둔 이 소셜믹스 정책은 그 후 강남구에서 다시 큰 위력을 발한다. 강남구에서 더불어민주당 국회의원이 탄생한 것이다.

2016년 치른 20대 총선을 보자. 지금껏 새누리당 혹은 한나라당 국회의원이 당선되었던 강남을에서 더불어민주당 전현희 의원이 당선되었다. 보수당의 텃밭이었던 강남구에서 민주당 국회의원이 탄생한 것이 너무 감격스러운 나머지 김종인 당시 당대표가 노구에도 불구하고 전현희 의원을 업어주기까지 했다.

왜 이런 현상이 벌어졌을까? 바로 강남구 세곡동 일대 보금자리지구

┃ 강남을 지역구 지도

때문이다. 세곡동과 자곡동, 율현동을 합친 세곡지구에 대규모 임대주택 단지를 공급한 것이다. 원래 그린벨트가 대부분으로 인구밀도가 낮았던 세곡동 일대에 대규모 주택단지가 건설되며 인구가 늘었고 결국 선거구 재조정을 통해 대치동 일부 지역이 강남을에서 빠지게 되어 현재의 강남을이 되었다.

세곡동과 자곡동 일대의 대규모 임대주택 공급은 19대 대선에서도 그 위력을 발휘해 서울 시내 모든 구에서 문재인 대통령이 1위를 차지하게 되었다. 후보별 지지도를 강남구의 동단위로 살펴보면 그 차이가 극명하게 나타난다. 압구정동과 대치동 일부는 홍준표 후보가 1위를 했지만 특히나 이 세곡동 자곡동 일대는 모두 문재인 후보가 압도적 1위를 달성했다. 서초구 역시 우면지구와 내곡지구 보금자리 주택의 영향이 컸다.

이런 말을 하면 세곡지구는 이명박 정부에서 추진한 보금자리지구니 강남구의 표심을 바꾸려는 임대주택 정책이 아니라고 하는 사람들도 있다. 하지만 이는 틀린 말이다. 세곡동 일대에 대규모 임대주택을 건설하려는 정책은 참여정부 시절인 2005년에 세워졌다. 판교에 임대주택을 대거 공급하는 계획을 세운 것과 같은 시기다. 명칭도 '세곡 국민임대단지'였다. 임대주택에도 국민임대, 장기전세, 10년 공공임대 등 다양한 형태가 있는데 그 중에서 가장 형편이 어려운 계층을 대상으로 하는 국민임대 단지를 강남구에 대규모로 건설할 계획을 세운 것이다.

이 '세곡 국민임대단지' 건설 계획을 이명박 정부에서 2010년 대거 수정해버렸다. 우선 국민임대 규모를 딱 절반으로 줄였다. 그리고 남은 물량은 비교적 임대료가 높은 장기전세와 10년 후 분양전환을 하는 10년 공공임대주택, 그리고 공공과 민영 분양아파트로 채웠다.

실제 SH공사가 공급한 세곡 2지구 장기전세 지구는 송파구 장지지구 등 주변 장기전세 단지에 비해 거의 2배 가까운 임대료를 책정해 초기에 미분양이 나기도 했다. 10년 공공임대는 분양전환하는 임대단지로 결국 분양단지나 다름이 없고, 주택 크기도 10평대인 국민임대에 비해 장기전세나 공공임대는 최소 20~30평대로 입주민들의 경제적 여건 차이가 크다. 그리고 공공분양뿐 아니라 상당부분 민간분양 아파트를 추가해 중대형 분양아파트 비중을 큰 폭으로 늘려 놓았다.

김종인 전 대표가 전현희 의원을 업어주기까지 한 것은 이런 우여곡절을 거친 강남을 지역에서 소기의 목적을 달성한 것이 더욱 감격스러웠기 때문일 것이다.

임대주택 건립의 영향력은 이미 분당구를 시작으로 보수 텃밭이라 할 수 있는 강남구와 서초구의 총선과 대선 결과에서 입증이 되었다. 이제 정치적 노선을 함께하는 대통령과 서울시장이 힘을 합해 특히 강남구와 서초구를 대상으로 임대주택 건설 정책을 더욱 강하게 밀어붙일 것으로 보인다.

서울시에서는 강남·서초 두 자치구를 제외하면 전원 진보 측이 구청장을 맡고 있다. 강남·서초 2개 구만 넘어오면 서울시 전체를 장악할 수 있는 것이다. 이미 박원순 서울시장은 수서 역세권 개발지역 임대주택 건설을 강하게 밀고 있다. 신연희 강남구청장이 이를 결사적으로 막고 있지만 중앙정부와 손발이 맞게 된 서울시의 뜻대로 흘러갈 공산이 크다. 서초구 역시 양재우면 R&D 특구를 중심으로 임대주택을 지속적으로 늘릴 것으로 예상된다.

같은 맥락에서 강남권 재건축을 겨냥해 재건축 임대주택 의무화 비율도 점차 강화될 것으로 보인다. 재건축 초과이익환수제 부활에 대한 국민적 공감대가 형성되어 있는 마당에 재건축 임대주택 의무화 비율 역시 충분히 명분이 있는 정책이기 때문이다.

물론 대부분의 강남권 재건축 단지들은 이에 따르지 않고 다음 정권을 기약할 것이다. 현 정권으로서도 재건축을 통해 임대주택을 대거 공급하는 것이나 재건축이 지연되어 현재 낡은 주택의 세입자들이 계속 강남·서초에 거주하는 것이나 효과는 비슷하다. 굳이 수십억 원씩 하는 비싼 새 아파트를 대거 공급하여 강남구나 서초구에 거주하는 부유층 숫자를 늘리는 것보다는 차라리 현상유지를 하는 것이 득표율에서 유리하기 때문이다.

한국 부동산 어떻게 흘러갈 것인가

타이밍:
상승장을 잡아라

　중요도 면에서 부동산의 1요소는 '입지'지만 투자의사결정 순서 상 매수든 매도든 타이밍을 잡는 것이 먼저일 것이다. 한국의 부동산시장 전체를 놓고 볼 때 지금은 매수 타이밍일까 아니면 매도 타이밍일까?

　속 시원하게 결론부터 말하겠다. 이제부터 부동산 폭등장세가 벌어진다. 2013년부터 시작된 상승장은 대외변수의 불확실성과 3년 간의 상승 피로감 때문에 2016년 말 눌림목을 지났고, 빠르면 2017년 하반기에서 2018년 사이 대세 상승에 들어갈 것이다. 정확히 언제까지 상승할지 얼마만큼 상승할지 아직은 판단하기 이르다. 그것은 상승기에 접어든 후 앞에서 설명한 요소들을 자세히 모니터링하며 지속적으로 판단할 문제다. 허나 확실한 것은 "이제 대세 상승장이 시작된다"는 것이다.

　경기는 회복되고 금리 상승은 제한될 것이기 때문이다. 미국과 유럽의 경기는 이미 바닥을 쳤고 GDP의 60%에 달하는 한국의 수출 역시 호조를 보이고 있다. 미국의 금리인상은 2017년까지가 마지막이고 2018년부터는 동결, 혹은 인상하더라도 극히 제한적인 폭으로만 인상될 것이다. 한국 금리는 2017년에도 동결이고 2018년 이후에는 한동안 제한적인 인상만 가능할 것이다. 즉 과잉유동성이 해소되지 못해 인플레이션 구간에 들어가게 된다.

트럼프 정책을 알아야 상승장에 올라탈 수 있다

부동산 대세 상승 논리를 이해하려면 반드시 트럼프의 경제정책을 이해해야 한다. 만약 미국 대통령으로 힐러리가 되었다면 이번 부동산 대세 상승은 있더라도 제한적이었을 것이다. '트럼프가 부동산 개발업자 출신이니 부동산 경기가 좋을 것이다'라는 단순한 논리는 아니다. 힐러리가 집권했으면 해소되었을 과잉유동성이 트럼프 집권으로 인해 오히려 심화될 조짐이 보이기 때문이다.

트럼프 정부가 원하는 것을 요약하면 ① 미국 내 인프라스트럭처 투자 확대, ② 제조업 경쟁력 회복, ③ 무역적자 해소 이 세 가지다. 그리고 이를 실현하기 위해서는 달러 가치 하락이 불가피하며 미국 같은 전통적인 자본수지 흑자국에서 금리까지 올리면서 달러 가치 하락을 기대하는 건 어불성설이다. 따라서 미국의 금리 인상은 제한적일 수밖에 없다.

미국은 이미 강한 경기회복세를 보이고 있다. 이미 연준이 금리를 인

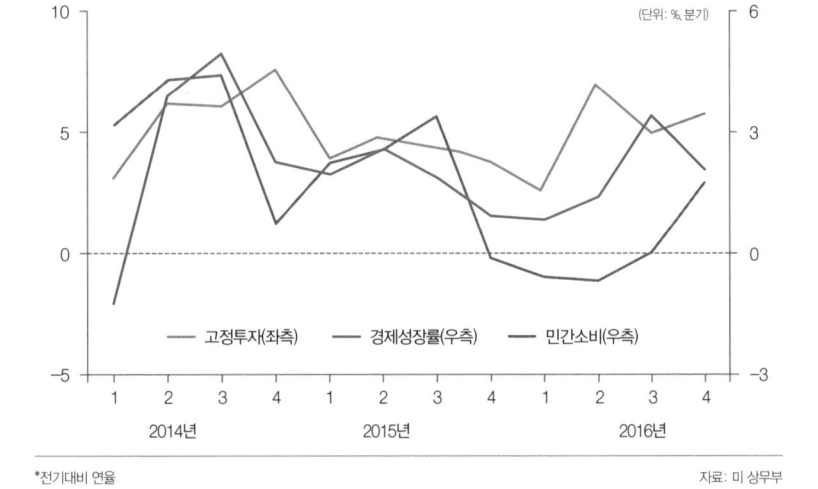

*전기대비 연율   자료: 미 상무부

상했고 옐런 의장이 추가적인 금리 인상 시그널을 보낼 정도로 미국 경기는 이미 상승세를 탔다. 2017년 미국의 예상 경제성장률은 한국과 비슷하다. 그럼 말 다한 것 아닌가? 유로존 역시 디플레이션 우려에서 벗어나 물가가 상승하기 시작하였다.

초저금리를 통해 경기불황에서 빠져 나왔고 이제 디플레이션 우려가 해소되었으니 정상적인 상황이라면 앞으로는 금리 인상을 통해 경기회복세를 조절하고 무엇보다 인플레이션에 대비하여야 한다. 힐러리가 집권하였으면 그렇게 했을 것이다.

하지만 트럼프는 다른 길을 택하고 있다. 정상적인 상황이라면 금리를 인상할 텐데 안 한다? 그럼 역시 트럼프는 정상적이지 않은 이상한 사람

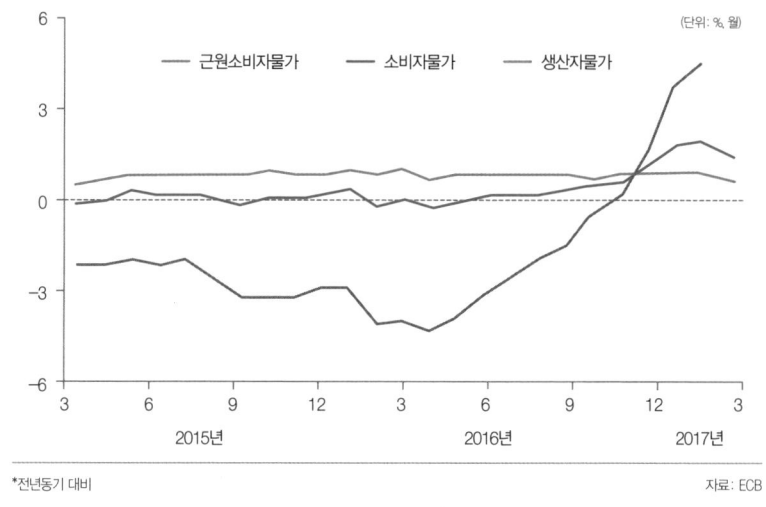

(단위: %, 월)

근원소비자물가   소비자물가   생산자물가

*전년동기 대비   자료: ECB

이란 말인가? 트럼프와 그 지지자들의 시각은 현재 미국 상황이 정상적이지 않다는 것이다. 미국 대부분의 국민들이 누리는 사회 인프라스트럭처는 세계 최강대국에 어울리지 않게 낙후되어 있는데 실리콘밸리 같은 일부 지역에서는 돈 잔치가 벌어지고 있다. 그게 첨단 기술로 미국을 풍요롭게 해주는 대가라면 이해하겠는데, 꼭 그런 것만은 아니라는 데 문제가 있다.

미국은 초강대국이지만 다른 나라도 아닌 우방국을 대상으로 만성적인 무역적자에 시달리고 있다. 일부에서 주장하듯 정말 한국, 일본, 대만, 독일 등은 품질이 우수한 제품을 만드는데, 미국은 국민들이 게으르고 낮은 제조업 경쟁력에도 불구하고 과소비를 해 무역적자에 시달리는 것일까? 미국 중산층의 생각은 다르다. 그 동안 미국이 서구세계의 만형으로서 공산주의와의 최전선에 있는 이들 국가들에 엄청난 지원을 해주었는데, 지금은 그게 도가 지나쳐 오히려 미국의 국익을 침해하고 있으니 이를 정상화해야 한다는 것이다.

트럼프는 지금 미국의 이러한 상황을 변혁하려 하고 있다. '경기가 회복되었으니 금리를 인상해 회복속도를 조절해야겠다'는 정도의 일반적인 상황으로 보고 있지 않다는 것이다. 집권 초기의 탄력을 이용해 미국의 만성적인 문제들을 개혁하려는 것이고, 여기에는 미국 금리가 큰 역할을 한다. 이 과정에서 일부 인플레이션이 생기는 것쯤은 하이퍼 인플레이션 우려가 나오기 전까지는 용인할 것이다.

간혹 한국의 공중파 프로그램에 출연한 일부 대학교수나 연구원들도 트럼프 얘기를 하면 미묘하게 비웃는 인상을 준다. 한국 언론 역시 마찬가지다. 일견 무식하고 터프한 인상을 주는 미국 중서부나 남부의 노동자 계층은 트럼프를 지지하고, 우리가 잘 아는 '미국을 대표하는' 실리콘밸리의 IT 사업가들은 민주당과 힐러리를 지지한다. 그래서 한국에서도 트럼프를 지지하면 뭔가 단순하고 마초적이라는 느낌을 주고, 민주당과 힐러리를 좋아한다고 하면 쿨하고 세련된 느낌을 준다고 생각하는 모양이다.

그렇다면 왜 미국의 중산층들은 트럼프를 지지하고 실리콘밸리의 쿨한 IT 갑부들은 민주당과 힐러리를 지지할까? 이유는 하나다. 각자 자신들에게 도움이 되기 때문이다.

이것이 실리콘밸리의 대표적인 기업 대부분이 민주당과 힐러리를 지지하고 트럼프에 대해 날 선 비판을 쏟아낸 이유다. 이들이 (본인들이 만들고 지배하는) 소셜미디어를 통해 주장하듯 '트럼프가 인종차별주의자이고 국수적이며 세계 평화를 저해하는 인물'이어서가 아니다. 이미 많은 돈을 들여 아군으로 만들어 놓은 민주당이 집권해야 본인들의 돈벌이에 도움이 되기 때문이다. 실제 월스트리트가 있는 뉴욕시가 오바마에게 1,450만 달러를 정치자금으로 제공할 동안 실리콘밸리는 이보다 많은 1,470만 달러를 후원했다.

그렇다면 원래 전통적으로 민주당을 지지하던 중서부 중산층들은 왜 민주당인 힐러리에 등을 돌리고 트럼프를 지지했을까? 실리콘밸리처럼 거금을 정치자금으로 희사할 재력이 없는 이들 중산층들은 민주당 정권이 실리콘밸리의 돈에 넘어가 모든 정책을 실체 없는 벤처 육성에 쏟아

붓고 정작 다수의 중산층들에게 필요한 사회 인프라스트럭처 사업에는 소홀했다고 생각하기 때문이다. 실제 미국 대도시 공항이나 고속버스 터미널, 혹은 공공청사 등을 가보면 매우 낡고 시대에 뒤떨어지는 시설이 많다. 실제로 국가별 인프라스트럭처 순위를 보면(2014~2015년 기준) 세계 최강국이라는 명성에 걸맞지 않게 세계 16위에 불과할 정도다.

선진국인 미국의 공공시설은 왜 이렇게 뒤떨어진 것일까? 물론 재정 자립도 10% 미만이어도 중앙정부 교부금으로 아무 문제 없이 운영되는 한국 지자체에 비해, 시 정부가 파산하면 소방서까지 문을 닫는 미국 지방자치제 특성상 일부 재정이 어려운 주나 시에서는 어쩔 수 없는 경우도 있다. 하지만 미국 전체로 보면 꼭 그런 것만은 아니다. 그렇다면 이유가 뭘까? 바로 '전혀 다른 곳에 돈이 몰려서'다.

물론 미국이 세계의 경찰 노릇을 하느라 국방비에 터무니없는 돈이 들어간 것도 맞다. 트럼프도 그렇기 때문에 한국에 방위비 분담금 상향 조정을 요구하는 것이다. 하지만 더 큰 문제가 있다. 1990년대 후반 닷컴 붐 이후 실리콘밸리와 IT 업계로 과도한 자본이 투입되어 왔다. 투입된 자본 만큼 생산성과 매출이 늘고 독자 생존하는 기업이 많아진다면 좋겠지만, 현재 실리콘밸리에서 벌어지는 일은 세상을 이끌어가는 IT의 산실이라기보다는 머니게임의 한 단면에 가깝다.

모든 분야는 아니지만 현재 실리콘밸리에서 핫하다는 업종의 창업주나 전문경영인들을 만나보면 이들의 주 관심사는 매출 증대나 수익성 확보가 아니다. '어떻게 하면 회사를 더 팬시하고 멋지게 포장해서 또 다른 투자자들에게 매각해 큰 돈을 챙길까'다. 실제 많은 이들이 그렇게 거부가 되었다.

이런 기업들에는 한 가지 공통점이 있었다. 회사 자체로는 수익을 못내는 것이다. 물론 초기에는 첨단 기술과 그럴듯한 사업모델이 있었다. 하지만 창업 후 5년, 10년이 지나도록 회사의 매출은 그리 늘지 않고, 무엇보다 흑자전환이 안 되고 있다. 오죽하면 이들 회사 창업주들과 만날 때 '금기 사항'이 있을 정도다. 절대 매출이나 순이익을 물어보면 안 된다는 것이다. 말을 해주지도 않고 분위기만 싸늘해진다.

영상기술과 관련된 영역에서 상당한 입지를 확보하고 업계에서도 꽤 유명한 한 회사가 있다. 그 회사의 공동창업자 중 한 사람과 여러 차례 만나 사업협력과 투자에 대한 의견을 주고 받았지만 절대 회사의 매출은 공개하지 않았다. 본인의 회사를 매각하고 싶었던 그는 내가 매출을 물어볼 때마다 "유수의 IT기업들이 내 회사에 관심을 갖지만 매출이 아니라 기술을 보고 사려는 것이다"는 애매한 말로 늘 피해갔다. 이후 시간이 흘러 정말 허물없는 사이가 된 후에야 그는 "절대 비밀"이라고 하며 본인 회사의 매출을 말해주었다. 한화로 50억 원이 채 안 되었다. 순간 맥이 쫙 풀렸다. 그가 원하는 매각가는 매출의 몇 배가 아니라 그 이상이었다.

많은 이들이 벤처 신화를 꿈꾸며 실리콘밸리에서 창업을 한다. 하지만 이들 중 상당수는 마이크로소프트나 구글, 애플처럼 확고한 기술과 사업모델을 갖춰 영속되는 기업을 만들려는 게 아니다. 이들의 목표는

'이런 회사들에 비싼 값으로 내 회사를 팔아 돈을 벌겠다'다.

실제 야후가 비싼 값으로 사들였으나 지금은 포르노물의 온상지가 되어버린 '텀블러'나 트위터가 구입했다 폐쇄된 '바인' 같은 기업의 창업자들이 이들의 롤모델인 것이다. 이들은 기술의 우수성이나 사업모델의 혁신성보다는 실리콘밸리에 몰리는 자본의 힘을 적절히 이용한 머니게임을 벌이며 거부가 되었다. 창업 10년이 지났는데 매출 수십 억 원도 못 올리는 이런 실리콘밸리의 첨단기업들에 벤처캐피탈이 투자한 금액은 한 기업 당 보통 500억~1,000억 원을 웃돈다. 실리콘밸리에는 이런 기형적인 재무구조를 가진 기업들이 정말 넘쳐난다.

여기에 투자한 벤처캐피탈은 아마추어가 아니다. 실리콘밸리 초창기부터 존재한, 아니 실리콘밸리를 만들었다고 해도 과언이 아닌 벤처캐피탈들의 포트폴리오를 보면 10여 년 간 수백억 원이 투자되었으나 아직 흑자전환도 못해 자본잠식 상태인 기업들의 리스트가 빼곡하다.

미국 내 모든 벤처가 그렇다는 말은 아니다. 실리콘밸리가 특히 그렇다는 말이다. 미국 대륙 반대편의 뉴욕에는 속칭 실리콘앨리Silicon Alley라고 불리는 또 하나의 벤처타운이 있다. '실리콘밸리 다음이 실리콘앨리'라고 할 정도로 큰 실리콘밸리의 동부 버전이다.

미국 벤처업계에서 농담처럼 하는 말이 있다. 트위터가 실리콘앨리에 있었다면 투자유치를 못 받았을 것이라고 말이다. 이 동부의 실리콘앨리는 세상을 바꾼다는 막연한 기술과 사업모델에 투자하지 않는다. 철저하게 사업성과 가능성을 검증해서 투자한다. 최근 이 실리콘앨리에서 투자하는 주된 분야는 핀테크Fintech다. 확실한 사업모델이 있는 분야이기 때문이다. 그리고 트럼프는 분야가 다르긴 하지만 바로 이 뉴욕에서 투자를 하던 사람이다. 실리콘밸리를 보는 트럼프의 시각이 어떨지 짐작할 만하다.

눈여겨보며 여러 차례 방문했던 실리콘밸리의 또 다른 기업이 있다. 이 회사는 투자한 벤처캐피탈들이 적당한 때 빠져 나오지 못한 기업이다. 기술력은 좋으나 사업모델과 분야가 현재 실리콘밸리에서 각광받는 분야가 아니기 때문이다. 창업주는 5~6년쯤 전 아주 시기적절하게 좋은 가격으로 지분을 매각했다. 지금은 동일한 기술을 활용해 비슷한 분야에서 사업모델만 적절하게 바꿔 또 엄청난 투자금을 유치하고 있다. 이 사람 역시 새로운 회사의 매출을 절대 말해주지 않는다.

앞서 언급한 두 회사들에 투자한 벤처캐피탈이 아는 것이 없어 여기에 투자한 것이 아니다. 아마존과 컴팩, 세그웨이와 구글을 키워내고 앨 고어가 환경분야 파트너, 콜린 파월이 방산분야 파트너로 있는 미국의 대표적인 벤처캐피탈이 이 두 회사의 돈줄이다.

이 벤처캐피탈의 담당 시니어파트너 역시 수백억 원을 들여 투자했으니 당연히 1,000억 원 이상을 회수할 것으로 기대한다. 수백억 원이나 투자된 회사의 매출이 수 년째 정체되고 심지어 자본잠식 상태에 빠져도 큰 걱정은 하지 않는다. 누군가가 와서 큰 돈을 내고 사갈 때까지 기다리면 된다는 입장이다. 실제 많은 사람들이 그렇게 거부가 되었으니 잘못된 생각이라고 탓할 수도 없다.

이 또한 일종의 데자부 같다. 10여 년 전 미국의 많은 부동산 개발업자들이 "여기에 콘도나 쇼핑몰을 지어놓으면 당신 아니라도 누군가가 와서 수백만 달러를 내고 사갈 것"이라고 하며 사막이나 늪지에 건물들을 지어댄 적이 있었다.

사실 1990년대 후반 우리나라 벤처붐 때도 비슷한 현상이 있었다. 지금처럼 비상장 기업뿐 아니라 상장 IT기업들도 그때까지 존재하던 어떤 기업가치분석 방법으로도 절대 정당화될 수 없을 만큼 높은 주가를 형성했다. 회사명에 '닷컴'이 들어가면 주가가 몇 배로 뛰니, 당시 회사이름 뒤에 무작정 닷컴을 붙인 기업도 등장했다.

당시 이런 비상식적으로 높은 주가를 정당화시키기 위해 세계 유수의 투자은행들은 다양한 새 기업가치분석 방법을 만들어냈다. 예를 들면 인터넷 기업의 가치를 분석할 때 매출이나 영업이익 혹은 성장률이 아닌 '사이트 방문자수'를 적용하는 식이다. 당연하지만 IT 버블이 꺼지면서 이런 가치분석 기법들은 자취를 감추었다.

실리콘밸리에도 워런 버핏이 말한 "썰물이 빠지면 누가 수영복을 안 입고 수영했는지 알게 되는" 시점이 다가오고 있다. 그리고 가득 찬 물을 빼며 썰물을 만들어 내는 사람이 바로 트럼프 대통령이다.

실리콘밸리에서 벌이는 돈 잔치가 부럽고 배 아파 트럼프 대통령이 딴지를 거는 걸까? 아무리 '천조국(국방비만 연 1,000조 원이라는 의미)'이라는 별칭으로 불리는 미국이지만 국내 유통되는 자본의 총량에는 한계가 있다.

실리콘밸리의 모험자금이 아니었다면 구글이나 아마존처럼 세상을 바꾸는 기업들이 어떻게 탄생했겠냐는 반론이 있을 수 있다. 하지만 실리콘밸리에 투자된 자금은 '세상을 바꾸는 기술을 개발해 달라'고 희사된 돈이 아니다. 시장수익률을 웃도는 수익을 노리고 투자된 돈일 뿐이다. 그리고 투자된 기업들이 정상적인 기업활동으로 기업가치를 올리지 못하자 폭탄 돌리기 머니게임으로 수익을 올리고 있는 것이다.

정리하자면, 한 쪽에서는 기본적인 사회 인프라스트럭처가 개발도상국보다도 낙후되는 상황에서 다른 한 편에서는 실제 기업의 생산성 증가에도 고용 창출에도 도움이 안 되는 허상뿐인 기업에 큰 돈이 투자되고 있다. 이걸 또 폭탄 돌리기 식으로 다시 누군가가 더 비싼 값으로 사주고 또 되팔면서 부호가 양산되는 머니게임이 벌어진다. 여기에 트럼프 대통령이 제동을 걸고 나선 것이다.

물론 트럼프 대통령은 명시적으로 "실리콘밸리 머니게임에 제동을 걸겠다" 내지는 "자본유입을 제한하겠다"고 말한 적은 없다. 미국에서 그렇게 할 수도 없다. 다만 트럼프 대통령이 공약대로 사회 인프라스트럭처에 1조 달러(말 그대로 1,000조 원이다)를 투자하고 정부 정책으로 수익성을 보장하게 되면, 지금 실리콘밸리에서 돌고 도는 스마트머니 상당 부분은 인프라스트럭처로 흘러가게 될 것이다. 실리콘밸리의 머니게임은 적어도 한동안은 쉬어가게 되는 것이다.

미국의 벤처캐피탈 업계는 빌 클린턴 대통령 시절인 1990년대 후반 전무후무한 초호황기를 누린 데 이어 오바마 대통령 집권 시기에 제2의 중흥기를 맞았다. 오바마 정권 시절 지속적으로 늘기 시작해 2015년 최고조에 달한 미국의 벤처투자금액은 2016년 급속히 줄어들었다. 트럼프가 대선에 나서면서 미국의 낙후한 인프라스트럭처 투자 문제를 강하게 이슈화하였기 때문이다.

미국 IT업계가 그 자체의 경쟁력으로 돌아가는 자생력을 갖추었다면 트럼프의 문제제기에 이 정도까지 반응할 이유도 없었다. 하지만 '지금 유행하는 분야에서 적당히 기술과 사업모델 포장만 잘 해놓으면 누군가 더 큰 회사에서 엄청난 돈을 주고 사갈 것이다'라는 기대로 돌아가는 곳이라면 그 충격이 클 수밖에 없다.

2016년 미국 벤처캐피탈 업계는 딱 그렇게 반응했다. 트럼프가 집권

▌1995~2016년 미국 벤처투자금액 변화

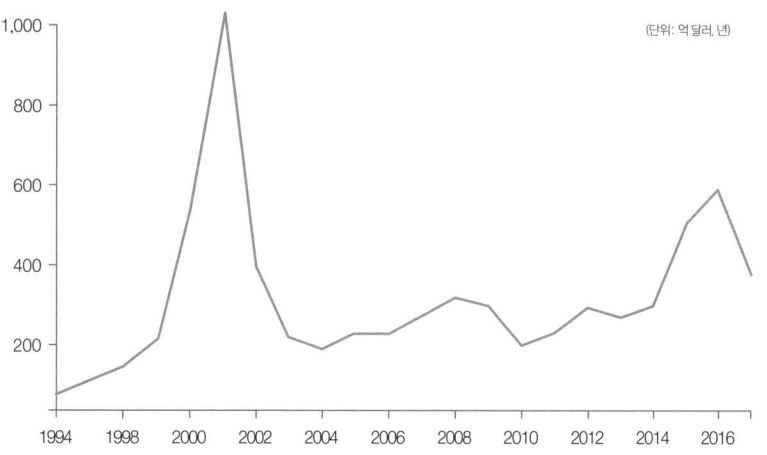

(단위: 억 달러, 년)

자료: quandl.com

하여 실리콘밸리가 아닌 미국 전역의 인프라스트럭처 사업으로 자금이 몰린다면, 예전처럼 부풀려진 가치로 기업을 매각해 투자금을 회수하는 것이 불가능해지기 때문이다. 지금껏 즐겨온 파티가 끝날지도 모른다는 우려가 커지자 2016년 미국 전체 벤처투자금은 전년 대비 딱 반 토막이 났다.

벤처캐피탈뿐 아니라 우리가 아는 대부분의 성공한 실리콘밸리 벤처기업인들은 본인이 투자 받아 빠져 나온 금액 상당수를 다시 실리콘밸리의 벤처기업에 투자하는 엔젤투자자를 겸하고 있다. 색다른 일이 아니다. 앞서 말한 것처럼 사람들은 자신이 성공을 거둔 분야의 경험을 계속 확대 재활용하기 때문이다. 변두리 다세대주택으로 재미를 본 사람은 계속 다세대주택에 투자를 하고 상가로 돈을 번 사람은 상가 전문가가 된다. 실리콘밸리의 머니게임으로 돈을 번 사람들은 그 머니게임에 계속 투자하기 마련이다. 앞서 말한 기업의 창업주도 소수지분만을 남기고 정점에서 매각해 빠져 나왔다. 그리고 그 때 손에 넣은 거금을 실리콘밸리의 벤처기업 다수에 투자했고, 지금은 우버 초기투자자 중 한 명으로 억만장자 반열에 올라 있다.

빌 클린턴 정부 당시 엄청난 호황을 맛본 실리콘밸리는 민주당의 돈줄 역할을 해왔고 클린턴과 오바마 정부는 IT붐을 조성하며 이에 화답했다. 오바마 집권 2기 미국 벤처투자금액은 2000년 버블 이후 최고치에 달했다. 오바마 대통령이 퇴임 후 벤처캐피탈리스트로 변신할 것이라는 루머가 미국에서 괜히 돌고 있는 것이 아니다(실제로 〈블룸버그〉와 인터뷰에서 오바마는 벤처캐피탈리스트로 활동할 가능성을 암시하기도 했다).

요점은 트럼프 대통령의 인프라스트럭처 투자 공약이 미국 시골에 사는 무식한 공화당 지지층만을 위한 정책도, 부동산 개발업자 출신이 내놓는 단순 토목정책도 아닌 다수의 국민들이 원하는 정책이란 것이다. 또한 인프라스트럭처 투자정책은 지금 미국에 필요한 정책이고 옳은 방향이라고 보여진다.

미국을 방문한 많은 사람들이 감탄하는 것 중 하나가 광활한 미 대륙을 동서남북으로 연결하는 주간 고속도로州間-, Interstate Highway다. 이 주간 고속도로의 특징은 미 대륙의 주요도시를 다 이어주기도 하지만 무료 도로라는 점이다. 편도 2만 5,000원 정도 소요되는 서울~부산 거리의 10배에 가까운 LA~뉴욕 간 도로를 이용해도 통행 요금 한 푼 안 내는 것이다.

이 엄청난 주간 고속도로는 제2차 세계대전 직후 독일, 프랑스, 일본, 영국 등 전 세계 모든 선진국들이 전쟁 폐허에서 아직 복구되지 못하고 미국이 전 세계 산업생산을 독점하던 시절에 건설되었다.

그 황금기에 넘쳐나는 돈을 (물론 달나라 여행에도 썼지만) 미국 정부는 현명하게도 공공 인프라스트럭처, 즉 주간 고속도로에 투자했고 그 혜택을 50년이 지난 지금까지 후손들이 누리고 있다. 우리가 익히 아는 미국의 싼 물가는 미국 전역을 무료로 연결하는 고속도로에 기반한 물류가 뒷받침되었기에 가능한 일이다. 만약 그 당시 미국 정부가 그 돈을 일부 지역의 기술사업을 대상으로 하는 머니게임에 투자되도록 방치했으면 지금의 미국은 어떤 모습이었을까?

"그 때는 실리콘밸리가 없었다"라고 한다면 무지의 소치다. 실리콘밸리의 시작이 바로 그 시기였다. 전후 동부에서 무기를 연구하던 물리학자 일부가 샌프란시스코로 옮겨 페어차일드 반도체를 시작한 1957년이 실리콘밸리 탄생원년이다. 앞서 말한 벤처캐피탈 역시 페어차일드 창업자가 사업 성공 후 유사한 산업에 투자하기 위해 같은 동네에 만든 사업이다.

여하튼 논지는 그 당시에도 실리콘밸리가 존재했고 엄청난 자본을 유치했지만 당시 미국의 투자자본 상당 부분은 주간 고속도로 같은 사회 인프라스트럭처에 투자되었고, 이는 현재 미국 번영의 중요한 근간이 되었다. 트럼프 대통령이 하겠다는 사업이 바로 이런 맥락이다.

민주당 정권과 유착된 일부 지역에서는 머니게임을 벌이며 요트와 전용기를 타고 백만장자 놀이를 즐기는데 정작 대다수가 그 혜택을 누려야 하는 미국의 사회 인프라스트럭처는 낙후되기 짝이 없다. 미국인 다수의 마음 속에는 '누군가가 나서서 이를 바로잡아야 한다'는 공감대가 형성되었다. 바로 부동산 개발업자 트럼프가 이를 간파하고는 본인이 해결하겠다고 나선 것이다.

트럼프가 부동산개발업자라 이런 점을 이슈화한 것이 아니다. 우리의 국회예산처 격인 미국 하원예산국Congressional Budget Office에서 낙후된 인프라스트럭처의 심각성을 알리기 위해 트럼프가 등장하기 훨씬 이전에 작성한 자료들이 있다. 미국의 인프라스트럭처 관련 예산은 2002년을

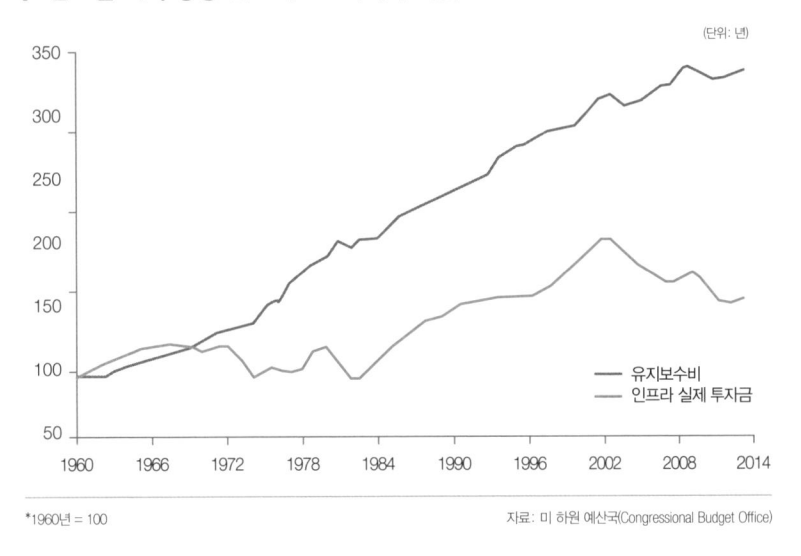

(단위: 년)

유지보수비
인프라 실제 투자금

*1960년 = 100

자료: 미 하원 예산국(Congressional Budget Office)

정점으로 실제 투자비용이 계속 감소하고 있고 노후화에 따라 유지보수
비만 계속 증가하고 있는 것이다. 그리고 지난 대선에서 민주당이 외면
한 이 이슈를 트럼프가 파고들어 대권 장악에 성공했다.

일부 한국 언론에서는 미국 중서부의 중산층들이 실리콘밸리의 호황
에 상대적 박탈감을 느껴 트럼프를 지지하는 것처럼 묘사해놓았다. 딱
히 틀린 말이라고 하기는 힘들지만 표현상 문제는 있다. 똑똑한 사람들
이 잘사는 것이 배가 아프고 부러운 게 아니다. '세계 최강대국인 미국의
대중이 누리는 사회시설들은 낙후되었는데, 왜 생산성 증대와 상관도 없
는 일부 산업에는 천문학적인 돈이 몰릴까' 하는 상식적인 의문에서 비
롯된 박탈감이기 때문이다.

| 2008년 오바마 지지에서 2016년 트럼프 지지로 바뀐 주

2008년 오바마 VS. 매케인 대선 결과

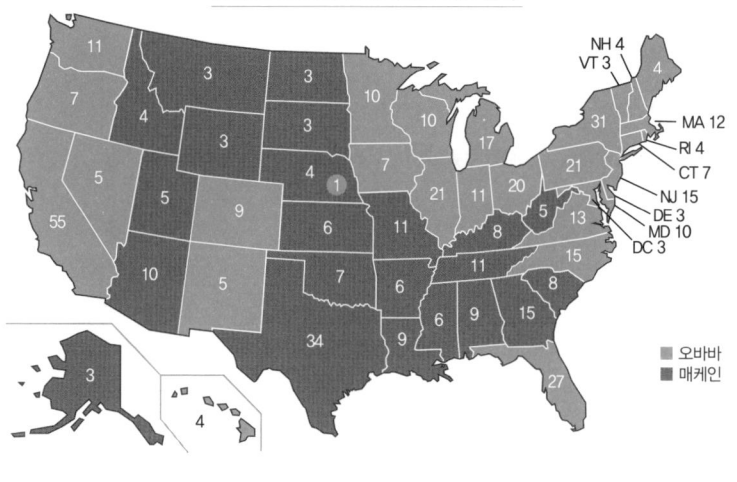

2016년 트럼프 VS. 힐러리 대선 결과

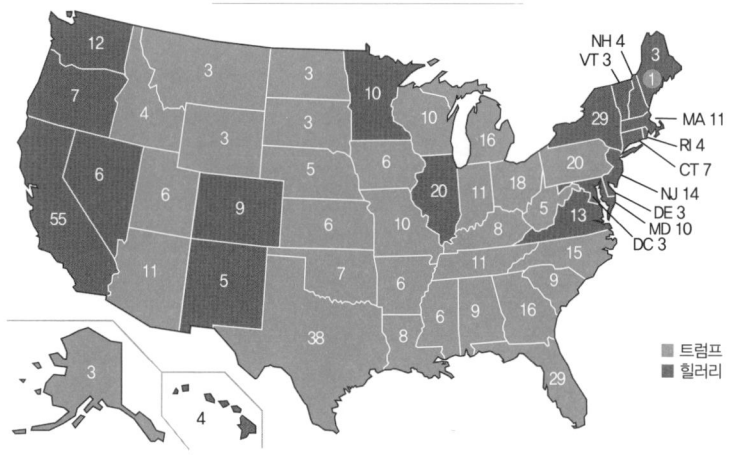

중서부	위스콘신, 인디애나, 오하이오, 일리노이, 아이오아, 펜실베니아
남부	노스캐롤라이나, 플로리다

원래 중서부 지역의 중하류층은 전통적인 민주당 지지층이었다. 2008
년 대선에서도 매케인 대신 오바마를 지지한 곳이다. 그런데 이 미국 중
서부 지역 유권자들이 이번에는 힐러리가 아닌 트럼프를 찍은 것이다.
남부에서는 그나마 민주당 편이던 노스캐롤라이나와 플로리다 유권자
들이 등을 돌리며 남부는 완전히 공화당이 장악하게 되었다. 이 중서부
의 중산층들은 실리콘밸리처럼 거액의 정치자금을 희사할 여력이 없었
다. 민주당은 실리콘밸리의 돈을 좇느라 이들을 외면했고, 그러자 이들
역시 민주당을 외면하기 시작한 것이다.

힐러리와 민주당이라고 이를 모르는 것은 아니다. 하지만 닷컴과 벤처
붐을 일으킨 빌 클린턴 정부 이래 실리콘밸리의 IT업계는 민주당 핵심
돈줄로 자리매김해왔고, 그런 끈끈한 관계를 끊을 명분도 실리도 없기
때문이다.

트럼프 대통령은 실리콘밸리로 몰렸던 돈 줄기 일부를 미국 전역을 대
상으로 하는 인프라스트럭처 사업으로 돌리려 한다. 그리고 이런 대형
인프라스트럭처 사업을 위해 대규모 국채발행을 계획하고 있다.

트럼프가 바꾸려는 미국: 제조업의 부활

일부 사람들의 생각과는 달리, 미국에서 '제조업의 귀환' 정책은 트럼
프의 대선 공약이 있기 수 년 전인 오바마 정부 시절부터 추진되어 왔다.
이 정책의 가장 큰 수혜자가 트럼프 지지층인 미 중서부 및 남부의 중산

층이고, 트럼프 특유의 직설화법으로 강조하다 보니 마치 그가 시대의 흐름을 거스르며 만들어낸 정책인 것처럼 보일 뿐이다.

2016년에 방송된 KBS 특별기획 〈미국의 부활–제조업 르네상스〉 인터넷 지면에 달린 댓글을 보면 오바마의 안목과 결단력들을 찬양하는 말들이 많이 보인다. 그런데 거의 같은 정책을 추진하고 있는 트럼프의 기사에는 정 반대 댓글들이 더 많이 보인다. 미국 사정과 무관한 한국인들이 그냥 오바마와 트럼프에 대한 개인적인 호감에 따라 평을 하는 것이다.

이 제조업 귀환 정책은 무역적자 해소와 맥락을 같이 한다. '이제부터는 남이 만든 것 사다 쓰지 말고 우리가 만들어서 쓰자'는 말이다. 그럼 왜 한때 세계 공업생산을 독점하다시피 하며 엄청난 무역수지 흑자를 보던 미국이 무역수지 적자국으로 변했을까?

사실 이 주제도 따지고 보면 설명이 길어진다. 제2차 세계대전으로 거슬러 올라가야 한다. 원래 종전 후 미국이 주도한 연합국의 계획은 독일과 일본을 농업국가로 만드는 것이었다. 그래야 다시 전쟁을 못 일으킬 것이라고 생각한 것이다. 독일의 화학과 기계 공장은 모두 뜯어내 미국과 소련으로 실어 날랐고 이는 미국 화학산업의 경쟁력을 일시에 높이는 데 기여했다.

이때 변수가 생겼다. 소련과 중공의 등장이다. '공산주의'라는 이 당면한 위협은 독일과 일본이 나중에 일으킬 지도 모르는 전쟁의 위협에 비해 당장 발등에 떨어진 불이었다. 이렇게 독일과 일본을 농업국으로 만들려던 계획은 폐지되었다. 중공과 소련에 맞설 자본주의 사회의 최전방 역할을 맡기려면 이들 국가를 부흥시켜야 했다.

일본과 독일, 그리고 뒤이어 한국과 대만이 산업화를 통해 부흥하게 되었다. 모두 공산주의 국가에 맞서는 미국의 방패막이가 되는 나라들이다. 물리학과 화학의 근간이 튼튼한 독일을 제치고 아무 과학기술 기반이 없던 한국과 대만이 전자산업의 총아가 된 것은 우연이 아니다.

실제 미국은 이들 국가의 공업화를 지원하기 위해 벨연구소Bell Lab.에서 개발한 트랜지스터 사업의 특허권을 무상으로 이들 국가에 양도하고 이를 이용해 미국 기업이 만든 제품과 똑같은 카피 제품을 만들어 수출해도 군소리 없이 사주었다. 예를 들면 이 트랜지스터를 사용한 소니의 계산기는 텍사스 인스트루먼트사Texas Instrument의 계산기와 기능은 물론 생김새, 크기와 색깔까지 똑같았지만 미국 정부는 아무 조치를 취하지 않았다.

물론 다 자국의 이익을 위해서였다. 공산주의 확산을 막기 위해 이들 국가들을 산업화시키는 게 소련·중국과 직접 싸우는 것보다 싸게 먹힌다고 판단했기 때문이다. 하지만 이제 상황이 바뀌었다. 더 이상 일본과 대만, 한국과 독일은 미국의 이익을 위해 물건을 사줘가며 키워야 할 대상이 아닌 것이다. 이제 이만하면 공산권으로 넘어가지는 않을 것이란 확신이 생겼고 무엇보다 공산주의의 위협이 1960년대처럼 높지도 않다. 지금은 오히려 무역수지 적자와 제조업 공동화에 따른 자국 내 고용악화를 걱정해야 할 시점인 것이다.

미국의 제조업 경쟁력 강화는 트럼프와 상관없이 오바마 정권 이전부터 추진되어 왔고 그 가시적인 성과가 보이고 있다. 셰일가스 혁명과 이에 따른 유가하락이 미국 제조업 부활에 불을 당겼다. 2000년대 초반 위기 이후 구조조정을 성공적으로 마친 GM의 부활도 한몫 했다. 어찌 보면 트럼프 대통령은 이에 약삭빠르게 숟가락을 얹어 본인의 어젠다로 만든 것에 불과하다.

인플레이션을 유발하는 트럼프 대통령의 정책

주목할 점은 이런 정책들이 단지 트럼프라는 기인의 머릿속에서 나온 즉흥적인 정책이 아니라 현재 미국이 처한 상황에서 자국의 이익을 위해 반드시 필요한 정책이라는 점이다. 그리고 그 정책들이 공통적으로 필요로 하는 것은 바로 '저금리'다.

먼저 인프라스트럭처 투자를 생각해보자. 무려 1,000조 원을 투자한다고 한다. 그 돈이 어디서 나올까? 트럼프 개인 돈을 낼리는 만무하고 법인세와 소득세까지 낮춰주는 판에 세수로 감당할 길은 없다. 휘발유세를 올린다는 말도 있지만 자동차에 대한 의존도가 높은 미국에서 이건 자살골이나 다름 없다.

그럼 답은 하나다. 국채발행을 늘릴 것이다. 일부에서는 그 규모를 200조 원으로 추산하고 있다. 어떤 사람들은 이를 두고 미국이 국채를 대규모로 발행하면 시중 자금을 흡수하여 금리가 오를 것이라고 말한다. 물론 당연히 그런 효과가 생길 것이다. 하지만 국채의 특징은 '돈을 빌리는 사람이 내가 빌릴 돈의 이자율을 결정하거나, 혹은 결정에 매우 막대한 영향을 끼칠 수 있다'는 점이다. 돈 빌리는 사람이 원하는 바는 국가나 개인이나 동일하다. '낮은 금리'다.

이미 미국의 GDP 대비 연방부채 비율은 제2차 세계대전 이후 최고치를 갱신하고 있다. 한국의 경우 40% 정도인데, 미국은 그 2배가 넘는 90%대에 달한다. 이런 상황이라면 국채 발행을 자제해야 하지만, 앞서 설명했듯 지금 미국은 국채를 발행해 인프라스트럭처 사업을 해야 하는 상황이다. 이런 상황에서 당신이 미국 대통령이라면 기준금리를 올릴까?

물론 금리를 올리고 내리는 것이 대통령의 권한은 아니다. 대통령이 임명하는 연준의장 혼자서 하는 것도 아니다. 한국에 금통위가 있듯 미국 역시 연방공개시장위원회FOMC에서 12명의 위원이 기준금리를 결정한다. 연준의장이 위원장을 맡지만 지역연방은행 총재들이 위원으로 참석해 독립성이 보장되는 것이다.

타이밍 적절하게도 이전 정부에서 임명한 옐런 의장의 임기가 곧 끝나고 2018년이 되면 트럼프 대통령이 새 의장을 임명하게 된다. 결국 저금리를 원하는 대통령과 이를 지지하는 연준의장 체제가 될 것이다. 이 자체로 FOMC의 독립성을 무너뜨릴 수는 없으나 새로 임명되는 연준의장의 역할 중 하나는 지역연방은행 총재들을 설득하는 일이다. 대통령이 주가 되어 추진하는 정책을 지역연방은행 총재들이 언제까지 거스를 것인가? 정부의 정책과 금리가 따로 놀면 경제가 카오스에 빠질 것이 자명한데 말이다.

연준과 트럼프 대통령 사이 줄다리기의 관건은 인플레이션이다. 옐런 의장이 본인 임기 마지막인 2017년 여러 차례 금리 인상을 강조하는 것과 같은 맥락이다. 미국은 분명히 경기가 회복되었다. 초저금리로 경기를 회복시켰으면 그 다음 순서는 금리 정상화다. 그렇지 않으면 인플레이션과 경기 과열이 유발되기 때문이다. 연준과 한국은행 등 중앙은행의 가장 기본적인 기능은 발권도, 경제성장도 아닌 '물가안정'이라는 사실을 명심하자.

반면 트럼프 대통령이 원하는 것은 저금리를 넘어 인플레이션 자체다. 물론 모든 부동산업계 종사자의 핏속에는 인플레이션을 갈망하는 유전자가 담겨 있기는 하다. 이런 점은 차치하더라도 이미 미국의 GDP 대비 부채비율에 대해 전문가들의 경고를 받는 상황에서 앞으로 추가로 국채를 발행해야 한다. 빚을 진 사람이 이 빚의 절대 금액은 그대로 두면서도 이를 실질적으로 감소시키는 방법은 최근 몇 년 간 통화정책을 다룬 여러 책들에 소개가 되었다. '인플레이션을 유발'하는 것이다.

게다가 트럼프는 본인이 밀고 있는 경제성장 정책의 효과를 입증하기 위해서도 어느 정도 인플레이션이 필요한 상황이다. 그리고 꽤 오랜 시간 디플레이션 공포에 사로잡혀 온 주요국의 중앙은행과 금융계는 '디플레이션 공포에서만 벗어날 수 있다면' 약간의 인플레이션은 예방차원에서라도 용인할 마음의 준비가 되었다. 한번 디플레이션을 경험하고 놀란

가슴이 진정되지도 않은 상황에서, 오지도 않은 인플레이션에 대비하느라 행여 디플레이션을 다시 불러올지도 모르는 정책을 미국 대통령과 맞싸워가면서까지 할 필요는 없는 것이다.

무역수지 적자 해소는 조금 더 간단하다. 트럼프가 당선되면서 '강한 미국=강한 달러'로 오해하는 사람들도 간혹 있다. 무역수지 적자를 위해서는 물론 자국 제품의 경쟁력도 강화해야 하겠지만 그건 오래 걸리는 일이고, 자국 화폐가치를 평가절하하면 단숨에 해결된다. 흑자전환까지는 몰라도 최소한 그 폭은 줄어든다.

1980년대 미국은 자국통화 가치 절하를 위해 '플라자합의'를 우방국들에 강요했다. 그로 인해 일본의 잃어버린 20년이 야기되었고, 독일은 수십 년간 피해 다니던 '유럽 단일통화(유로화)'에 합의하는 일까지 벌어졌다.

이번에 트럼프 대통령은 자국의 무역적자 해소를 위해 플라자합의 같은 초유의 이벤트를 벌이진 않겠지만 꾸준히 달러 약세를 유도할 것이다. 따라서 옐런 의장이 예고한 대로 2017년 내 두 차례 정도 금리인상은 있을 수 있겠지만, 더 이상의 인상은 하기 힘들 것이다.

물론 이 모든 일들이 지금 간략히 설명한 대로 일사천리로 이루어지지는 않을 것이다. 비록 트럼프 대통령이 임명한다고 하나 연준의 주요 목적은 물가안정이고, 저명한 경제학자일 차기 연준의장이 마냥 트럼프가 시키는 대로 예스맨 노릇을 하진 않을 것이기 때문이다. 하지만 큰 틀에서는 트럼프가 그리는 방향으로 흘러갈 공산이 크다.

지금 트럼프의 뇌 구조를 그려보면 무엇이 가장 큰 부분을 차지할까? 김정은도 시진핑도 아닌 '재선'이다. 모든 미국 대통령은 첫 임기 내내 '재선'을 목표로 산다. 트럼프가 재선하기 위해서는 본인이 내건 공약인 사회 인프라스트럭처 투자, 무역적자 해소, 경제 성장 등을 이루어내야 하고 이를 위해서는 저금리가 반드시 필요하다.

만약 힐러리가 당선되었다면 오바마 정부 시절부터 이어온 실리콘밸리 지원 정책을 이어갔을 것이다. 당연히 대규모 인프라스트럭처 투자를 단행하지도, 무역적자를 줄이기 위해 무리하게 저금리 정책을 쓰지도 않았을 것이다. 한동안 초저금리로 경기침체를 방지했으니 다시 금리를 올려 과잉유동성을 흡수하는 교과서적인 정책 수순을 밟아갔을 것이다.

하지만 지금 대통령은 트럼프다. 그가 원하는 것은 저금리와 인플레이션인 것이다.

한국의 금리

미국은 그렇다고 치자. 한국의 금리는 어떻게 될 것인가? 간단하다. 한국은행이 2017년 4월 국회에 보고한 〈통화신용정책〉 보고서에서 명확하게 천명했다.

"통화의 완화기조를 유지하겠다."

이게 무슨 말인지 알쏭달쏭하지만 '통화의 완화'란 '돈을 푸는 기조를 유지하겠다' 즉 금리를 올리지 않겠다는 말이다. 미국이 안 올릴 것 같으니 한국도 안 올린다는 말인가? 미국의 금리인상은 기정사실 아닌가? 결국 같은 말이다. 통화신용정책 보고서의 내용을 직접 살펴보자.

> 미 연준의 통화정책 정상화가 자본유출 압력을 높이는 요인으로 작용하겠으나, 과거 자본유출 사례, 현재의 대내외 경제상황 등을 종합해 볼 때 대규모 유출 가능성은 제한적인 것으로 평가된다. 당분간은 물가상승 압력이 크지 않을 것으로 예상되므로 통화정책의 완화기조를 유지해나갈 방침이다.
>
> 자료: 한국은행, 〈통화신용정책〉, 6p, 2017년 4월

정부기관에서 발간하는 경기동향이나 정책자료들은 나올 때마다 찾아볼 필요가 있다. 물론 민간경제연구소의 유료보고서처럼 과감한 전망을 하거나 콕 찍어주는 내용은 없지만, 유료 결제를 위해 자극적인 전망을 하는 민간의 보고서에 비해 공신력 있는 내용이 담겨 있어 투자 타이밍을 잡는 데 참고하기 좋다.

그런데 약간 의외의 내용이다. 가장 신중하고 보수적인 전망을 내놓아야 할 한국은행에서 미국이 금리를 올려도 자본 유출 가능성은 제한적이라고 과감하게 결론을 내린 것이다. 근데 그 근거가 참 알쏭달쏭하다. "과거의 사례와 현재의 경제상황을 종합해 볼 때" 자본 유출 가능성이 제한적이란다. 이런 과감한 전망의 근거치고는 너무 소박하지 않은가?

이는 전형적인 답정너(답은 정해졌고 너는 대답만 해)식 근거라고 해석된다. 한국은 금리 인상을 못 한다. 할 수도 없고 할 이유도 없다. 근데 시중에

서는 '미국이 금리를 올리니 한국도 올려야 된다', 혹은 '올릴 것이다'라고 말한다. 여기에 한국은행이 명쾌하게 결론을 내려줬다. 미국이 금리를 올려도 '정상화' 수준에서 찔끔 올릴 것이고, 그러니 올리더라도 시장이 우려하는 자본 유출은 없을 것이며, 따라서 한국도 금리를 올리지 않을 것이란 얘기다.

한국이 금리를 못 올리는 이유

적어도 당분간 한국은행이 금리를 올리지 않을 것이라는 사실은 자명해졌다. 한국은행 스스로 그렇게 천명했기 때문이다. 그렇다면 그 근거는 무엇일까?

우선 미국은 경기가 회복세에 접어들었다는 신호가 분명하고 강하게 나오고 있으나 한국은 아직 회복세를 확신하기에 조금 이르다. 수출은 좋지만 내수가 여전히 문제이기 때문이다. 분명 좋아지긴 했고 결국 한국도 미국 시장의 회복세를 따라 반등할 것이라고 생각한다. 하지만 그건 우리 같은 개인 투자자가 할 수 있는 생각이고 신중하고 보수적이어야 할 한국은행이 경기회복 시그널이 아직 미약한 상황에서 선제적으로 금리를 올릴 수는 없다.

그랬다가 만에 하나 반등하려는 경기회복세에 찬물을 끼얹고 행여 디플레이션에라도 빠지면 어떻게 할 것인가. 앞서 말한 대로 아직 전 세계 금융계는 디플레이션 공포에서 완전히 벗어난 게 아니다.

또 다른 이유는 앞서 말한 대로 트럼프 대통령이 미국의 무역적자 해소를 위해 달러 약세 정책을 끌고 나갈 것이기 때문이다. 이미 트럼프 대통령은 중국을 비롯한 대미 흑자국들에 대해 '환율조작국'이라는 단어를 흘리며 위협을 가하고 있다. 우리나라 역시 대미 흑자규모, GDP 대비 경상수지 흑자 규모 등 환율조작국 지정 기준을 일부 충족하고 있다.

지금 우리나라는 일각에서 벌써 수퍼원(1달러=1,000원 이하)설이 나오는 등 원화평가절상 압력에 대응할 방법을 찾기도 모자란 판국이다. GDP에서 수출이 차지하는 비중이 60%에 육박하는 우리나라로서는 앞장서서 금리를 올려 원화평가절상이라는 자진납세를 할 필요는 없다. 이것은 미국 정부의 통상압력에 맞서 싸우다 마지막에 울며 겨자 먹기 식으로 선택하면서도 최대한 반대급부를 받아내야 하는 옵션이지, 먼저 나서서 맞을 매는 아닌 것이다. 그렇기 때문에 한국은행에서도 통화정책의 완화기조를 유지하겠다고 천명한 것이다.

하지만 경기는 회복되고 있다. 이미 한국 경제는 바닥을 지났다. 이미 2~3년 전 저점을 통과하고 강한 회복세를 보이는 미국과 유로존을 한

| 한국은행 〈경제전망보고서〉 주요 내용

	2016	2017	2018	한국은행 코멘트
경제성장률	2.80%	2.60%	2.90%	글로벌 경기회복에 따라 완만한 성장세
내수 증가	2.50%	2.00%	2.30%	완만한 증가세를 이어갈 전망
설비투자 증가	-2.33%	6.30%	3.40%	상당폭으로 증가할 전망
수출 증가	2.20%	3.30%	3.50%	개선흐름을 이어갈 것으로 전망

자료: 〈경제전망보고서〉 (2017년 4월 발행)

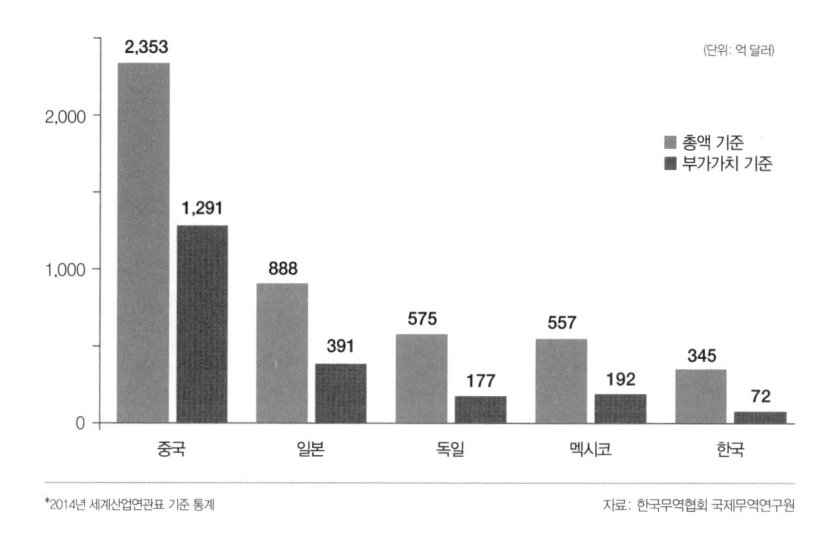

| 국가별 대미 무역흑자

(단위: 억 달러)

■ 총액 기준
■ 부가가치 기준

*2014년 세계산업연관표 기준 통계

자료: 한국무역협회 국제무역연구원

발 뒤따라가며 회복세에 접어들었다. 이 점은 한국은행이나 KDI 등 주요기관에서도 조심스럽게 인정하는 부분이다. 내수가 아직 문제이긴 하나 수출경기가 그 동안 워낙 좋았고 앞으로 더 좋아질 것이다.

트럼프 대통령이 무역수지 적자를 개선하겠다고 하는데 한국의 수출이 좋아진다고? 어불성설이 아닌가? 꼭 그렇지만은 않다. 달러 약세는 분명 맞지만 주 타깃은 한국이 아니다. 한국은 대미흑자를 내는 여러 나라 중 순위가 낮은 소국에 불과하다.

주 타깃은 중국과 멕시코, 일본, 그리고 독일이다. 시진핑뿐 아니라 메르켈과 날선 대립구도를 세우는 이유이기도 하다. 물론 한국에도 "한미 FTA를 재협상하겠다"고 위협한 바 있다. 하지만 한미 관계만 볼 것이 아니라 미·중, 미·일, 미·독 등 다양한 각도에서 입체적으로 현 상황을 살펴보자. 한국은 중국, 독일, 일본에 비하면 미국 입장에서 볼 때 비교적 무역적자 피해를 덜 주는 나라다.

트럼프가 한미 FTA 재협상을 하자고 으름장을 놓았지만 이는 전형적인 장사꾼의 블러핑(거짓 위협)에 불과하다. 한미 FTA는 미국 무역대표부 보고서에서도 나오듯 미국에 '새로운 시장에 대한 상당한 기회Substantial new market access opportunities'를 제공하고 있다. 먼저 NAFTA를 손 본 이후에나 한미 FTA에 대한 협의를 할 것이고, 이는 생각보다 오랜 시일이 소요될 것이다.

미국의 무역분쟁은 주로 중국, 독일, 일본에 집중될 것이고 한국은 오히려 어느 정도 어부지리까지 예상된다. 1980년대 플라자합의로 엔화와 마르크화가 갑자기 평가절상되자 한국에 3저 호황의 물결이 밀려와 오렌지족을 탄생시켰듯 말이다. 물론 앞서 말한 대로 플라자합의 급의 상황은 오지 않을 테지만 쇄국정책을 쓰지 않는 한 미국의 무역분쟁은 한국에 어부지리로 작용할 가능성이 크다. 2016년 하반기부터 경상수지 흑자폭이 줄어들긴 했다. 하지만 내용을 들여다보면 상품수지가 아닌 서비스수지 적자폭이 급증했기 때문이고, 그 이유는 다 알다시피 사드 여파로 중국 관광객이 급감해 나타난 일시적인 현상이다. 사드 여파에도 상품수지에는 큰 영향이 없었고 사드 이슈가 잠잠해질 2017년 하반기부터는 오히려 상품수지 흑자폭이 대폭 늘 것으로 예상된다.

일각에서 한국의 대중수출은 중간재가 많으니 결국 한국 수출에 피

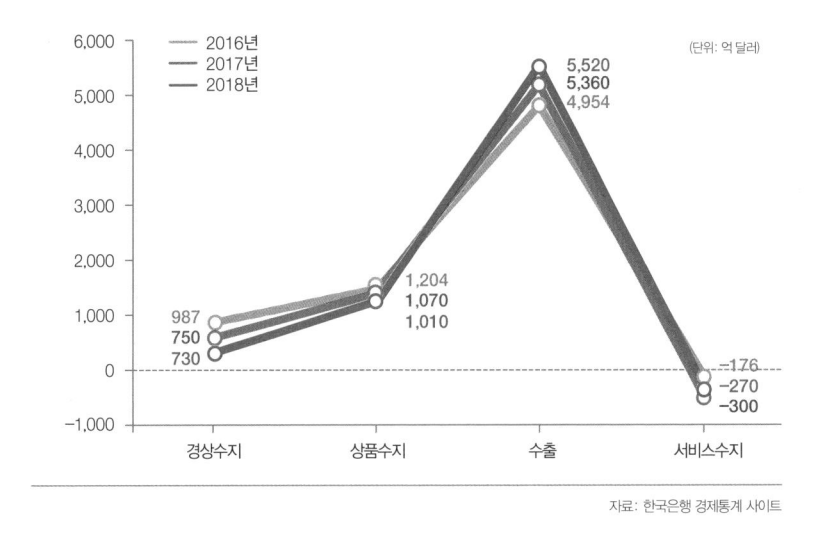

자료: 한국은행 경제통계 사이트

해가 된다고 한다. 가능성이 있는 말이다. 하지만 미·중 무역분쟁이 무역전쟁 수준까지 가는 최악의 상황은 양국 모두 피할 것이라는 합리적인 전제를 깔면, 한국의 대중 중간재 수출이 받는 피해는 매우 제한적이다. 수치로 따지면 전체 수출의 약 0.1% 수준이다. 글로벌 경기둔화에 따른 간접피해까지 따져도 1% 내외이고 이는 앞서 말한 어부지리 효과로 충분히 상쇄하고도 남는 수치다.

경기는 이미 호전되고 있고 반면 금리는 올리더라도 제한적으로 올릴 것이다. 금리가 조금은 오르더라도 이는 '금리 정상화' 수준이고 이런 정상화 수준에서의 금리변동은 한국 집값에 영향을 안 미친다는 것이 경험으로 입증되었다. 지금이 집을 살 타이밍이다.

정책:
규제가 공급을 줄인다

    트럼프의 정책이 미국과 한국 모두에 과잉유동성을 가지고 와 거시적인 관점에서 인플레이션을 유발하기에 '매수 타이밍'이란 결론을 내렸다. 문재인 정부의 정책은 서울 지역에 공급 부족을 가져와 선별적인 '매수 타이밍'을 유발한다고 이해하면 된다.

    인플레이션이 예상되니 집을 사러 나갔다. 그럼 어떤 것을 살까? 상승장이라면 어떤 것이라도 오르겠지만 적어도 한국의 부동산시장에서 이번 상승장은 조금 다를 것이다. 안 오르지는 않겠지만 물건 별로 혹은 지역 별로 희비가 엇갈릴 것이다. 정책의 변화가 어느 때보다 크기 때문이다.

    앞서 말한 금리와 경기는 시장 전체에 영향을 미친다. 하지만 정책, 특히 앞서 말한 대로 부동산 가격을 억제하는 데 주안점을 둔 한국의 부동산 정책은 특정 지역이나 특정 부동산 형태에만 더욱 크게 작용하는 경우가 많다. 애초에 그 지역, 그 부동산만을 타깃으로 정책을 만드는 경우도 많기 때문이다. 이번 상승장에서 문재인 정권의 정책을 주의 깊게 봐야 하는 이유다.

정책의 변화는 예측하기 힘들다. 내가 정책 입안자 머릿속에 들어가 있지 않는 이상 말이다. 경기 변화는 어느 정도 큰 흐름을 예측할 수 있고 많은 이들이 그렇게 하려고 노력한다. 하지만 정책의 변화는 몇몇 핵심인사들의 성향과 신념에 따라 매우 극단적인 양상을 보이기도 했다.

과거 참여정부의 경제 정책, 특히 부동산 정책을 논할 때 '이정우'라는 이름을 반드시 떠올려야 한다. 그는 경제학 교수로서 헨리 조지를 연구하는, 비주류라고 할 수 있는 진보적 성향의 학자다. 헨리 조지는 미국의 경제학자로 토지 사유화에 반대하며 토지는 공공의 유산이라는 가치를 설파한 사람이다. 사실 헨리 조지의 이러한 주장은 미국 주류 경제학계에서 큰 관심을 못 받았다. 하지만 한국에서는 경북대, 계명대, 영남대 등에 소속된 경제학자를 중심으로 '헨리 조지 연구회'가 결성되어 활동 중이다. 이정우 교수 역시 이 헨리 조지 연구회의 핵심 멤버다.

이정우 교수는 대선 캠프에서부터 많은 역할을 하며 참여정부 초대 청와대 정책실장을 역임했다. 사실상 참여정부 초기 부동산 정책은 이정우 교수의 작품이라고 해도 과언이 아니다. 이 토지공개념에 기반을 둔 부동산 정책을 두고 당시 이헌재 경제부총리 겸 재경부 장관과 강동석 건교부 장관이 "사회주의를 하자는 것이냐"며 강하게 반발했고, 두 사람 모두 난데없이 부동산 투기 혐의를 쓰고 공직에서 물러났다. 이헌재 장관은 30여 년 전 민간인 시절 부인이 위장전입을 했다는 이유로, 강동석 장관은 인천공항공사 사장 시절 처제가 영종도에 땅을 샀다는 이유로 투기꾼 낙인이 찍혀 옷을 벗었다.

이정우 교수가 차지한 이 청와대 정책실장이라는 자리에 힘을 실어주기 위해 참여정부에서는 당시 아예 경제수석 직책을 없애버렸다. 청와대의 경제정책을 모두 정책실장이 총괄하게 한 것이다. 실제로는 장관급인 이 정책실장이 경제부총리인 재경부장관보다 더 막강한 실권을 행사한 것은 자명한 일이었다.

이헌재 경제부총리가 사퇴한 후 당시 언론에서 예측한 다른 후보자들을 제치고 재경부 장관직에 오른 사람은 다름 아닌 한덕수 국무조정실장이었다. 의외의 인선이었다. 한덕수 장관이 상공부 출신이었기 때문이다. 행시에 합격한 후 경제기획원에 들어갔지만 경협담당을 했으며 곧 상공부로 자리를 옮겨 공직생활 평생을 통상정책 분야에 종사했고, 이후 외교통상부로 옮겨서는 통상교섭 본부장까지 지낸 통상전문가였다. 물론 서울대 경제학과를 나와 하버드대 경제학 박사를 받은 학식 높은 인재로, 학문적 깊이로만 보면 재경부 장관을 못할 이유도 없긴 했다. 하지만 통상 재경부 장관직은 한 나라의 거시경제를 폭넓게 다루는 요직이기에 통상전문가가 적임자는 아닌 것이다. 청와대가 공직사회에 보내는 시그널은 명확했다.

한덕수 장관도 평생을 통상전문가로 살아온 본인이 왜 그 자리에 오를 수 있었는지 잘 알고 있었던 듯 하다. 그는 재임 기간 내내 적어도 부동산 정책에 관해서는 본인의 목소리를 내지 않고 청와대의 정책에 전적으로 협조했고, 장관 퇴임 후에는 참여정부에서 국무총리를 지내며 관운이란 무엇인지를 보여주었다.

대통령 본인을 비롯한 정권의 핵심 인사들을 볼 때 이번 문재인 정권의 부동산 정책은 비교적 예측 가능할 것으로 기대된다. 이미 이전에 경험했던 정권의 부동산 정책 중 많은 부분을 답습할 것이기 때문이다. 그리고 이것이 앞으로 5년 간 정책의 변화를 주의 깊게 지켜보며 순간순간 의사결정을 할 수밖에 없는 이유다.

현재 시점에서 예측할 수 있는 이번 정권, 이번 상승장에서 주목할 지역과 타입을 아래 표로 정리해보았다. 단 이 리스트는 정책 변화에 따라 탄력적으로 적용할 수밖에 없음을 미리 밝혀둔다.

타이밍으로 볼 때 이제 부동산은 폭등할 것이고 정부는 먼저 금리를 올려 이를 잡으려고 하겠지만, 앞에서 설명한 대로 부동산을 잡자는 이

▌ 이번 상승장 투자 우선순위

투자처	비고
부촌 중대형 아파트	강남, 서초, 한남, 성수, 용산
관리처분인가 받은 재건축	2017년 말까지 관리처분인가
도심권 빌라, 단독주택	광화문, 종로, 동대문, 마포, 성수 일대
서울 상가, 꼬마빌딩	다가구 제외
수도권 GTX역 인근 아파트	상가건물 제외
서울시내 역세권 대단지	중소형

유 하나만으로 무작정 금리를 올릴 수 있는 상황은 아니다. 인플레이션을 둘러싸고 미국에서 트럼프 정부와 연준이 벌이는 줄다리기 비슷한 양상이 한국에서도 벌어질 것이다.

결국 재정정책으로 부동산 해법을 찾지 못한 한국 정부는 부동산시장을 억누르기 위한 여러 정책을 꺼내 들 것이고, 상당 부분 참여정부의 정책을 답습할 것이다. 다주택자, 고가주택소유자를 타깃으로 한 정책을 주로 입안했던 참여정부 인사 다수가 현정부에 그대로 포진하고 있기 때문이다.

물론 정책은 예고되는 순간부터 실제 만들어져 효력을 발휘하는 과정까지 면밀히 모니터링해야 한다. 하지만 문재인 정부의 부동산 정책은 다주택자와 고가주택을 억누르기 위한 ① 양도소득세 중과, ② 종부세 강화, ③ 재건축 규제 강화 등으로 어느 정도는 예측이 가능하다.

다주택자 중과세 '똘똘한 한 채' 선호 재현

부동산 규제는 우선 다주택자에게 집중된다. 다주택자가 부동산 가격을 폭등시키는 투기꾼이라는 사회적 공감대가 형성되어 있기 때문이다. 그리고 무엇보다 1주택자나 무주택자에 비해 다주택자는 소수이기에 선거에 큰 영향을 미치지 않는다. 김현미 신임 국토교통부 장관은 취임사에서 '다주택자'가 부동산시장 과열 주범이라고 꼭 집어서 지목하기까지 하였다.

양도소득세와 종부세 모두 다주택자를 대상으로 규제가 강화될 것으로 보인다. 3주택자에 대한 참여정부의 징벌적 과세 수준까지 갈 것인지는 두고 봐야 하겠지만 1주택자에 대한 양도소득세 완화와 다주택자 양도소득세 강화를 병행할 확률이 높다. 종부세는 분명 강화된다. 이는 모든 대선주자의 공약이었다. 고가주택 보유자에게 세금을 더 걷는다는 것만큼 대중을 기쁘게 하는 정책도 드물기 때문이다.

그럼 왜 중대형 주택으로 수요가 몰린다는 말인가? 종부세 안 내는 중소형 주택이 폭등하는 것 아닌가?

우선 다주택자에 대한 양도소득세가 중과되면 여기저기 중소형 주택 여러 채에 투자해 놓은 사람들은 작은 것, 양도차익이 적은 것부터 정리하기 시작한다. 살다 보면 언제 내가 사는 집을 팔아야 할지 모르는데 괜히 변두리 다세대 한 채에 발목 잡혀 양도소득세 수억 원을 내고 싶지는 않은 것이다. 나 자신도 정권교체 가능성이 높아진 2016년 하반기부터 비핵심 자산 매각에 들어갔고, 책을 쓰고 있는 이 시점에도 변두리 중소형 주택은 계속 매각을 진행 중이다. 부동산이 폭등할 거라고 책을 쓰면서도 비핵심 자산을 매각하는 이유는 단순하다. 세금 폭탄은 피하고 싶기 때문이다.

그렇다고 모든 자산을 현금화해 소형 주택에 사는 것은 대다수의 중상층 이상이 선택할 옵션은 아니다. 집은 중요한 자산이면서 가족들이 사는 터전이기도 하기 때문이다. 그리고 무엇보다 인플레이션으로 자산 가격 급등이 예상되는데 현금을 가지고 있을 이유도, 또 사는 집을 팔아서 주식시장에 '몰빵'할 사람도 별로 없기 때문이다.

결국 여기저기 소형 주택에 투자했던 다수의 여유 있는 계층은 10년 전 참여정부 시절에 그랬듯 차익이 나봐야 다 양도소득세로 빼앗길 소형 주택 투자금을 회수해 가족들과 살 집 한 채에 투자할 것이다. 종부세가 오르긴 하겠지만 양도소득세보다는 부담이 덜하기 때문이다.

독자들이 여기저기 투자한 돈을 회수해서 가족들과 행복하게 살며 시세차익까지 누리는 '똘똘한 중대형 주택'을 산다면 어느 곳의 어떤 집을 살 것인가? 지금 머릿속에 떠오른 아파트가 바로 앞으로 상승장을 이끌어갈 핵심 단지들이다.

그렇다면 파주와 일산, 수지와 김포의 대형 아파트들에도 다시 봄바람이 불 것인가? 애석하게도 그렇게 생각하지는 않는다. 이들 아파트는 분명 지난 번 유사한 상황에서 '다주택자 양도소득세 중과와 종부세를 피해 가족들과의 쾌적한 거주와 시세차익을 동시에 누리려는 이들 중 강남 서초의 중대형을 구입하기에는 여유가 부족했던 사람들'의 합리적인 선택이었다. 물론 발 빠르게 파도를 탄 일부는 시세차익을 누리고 빠져 나왔다. 하지만 대다수의 사람들은 이후 잘 알려진 대로 '시세하락'과 '거래두절'이라는 고통을 겪었고, 이는 주변인들에게 고스란히 학습효과로 남았다.

1970~1980년대 사례를 통해 '정부 개발정책을 따라 남하하면 돈 번다'는 학습효과를 불러일으킨 적이 있었다. 현재의 부동산 수요층들이 최근 학습한 것은 '수도권 외곽의 중대형 아파트 잘못 샀다간 평생 고생

한다'다. 정부 정책 따라 남하하면 돈 번다는 학습효과가 바로 '수지 대형 아파트'에서 막을 내렸듯, '수도권 외곽 중대형 아파트'에 대한 학습효과 역시 어느 특정 지점에서 반증되기 전까지는 계속 시장을 지배할 것이다.

오히려 소형주택 강세 하에서도 비교적 선방하고 있던 강남, 서초, 한남, 성수 일대 중대형 아파트들은 조만간 크게 시세를 분출하는 구간이 올 것이다. 그리고 이들 지역 중대형 아파트 시세가 분출한 후에는 인근의 송파, 용산, 목동 등 중대형까지 파급효과가 미칠 것이다. 크게 봐서 판교와 위례 중대형까지도 일정부분 영향이 있을 것으로 예상된다.

반면 이전 정부의 소형주택 의무화 비율로 울며 겨자 먹기로 지었다 세상이 바뀌며 예기치 못한 전성기를 누렸던 강남권 신축단지의 소형 아파트들은 일시적이나마 매도세가 몰리며 상승장에서 소외될 개연성이 높다. 이들 강남권의 10평대 소형 아파트는 실수요자가 보유하고 거주하기보다 인근 투자자들이 임대용으로 매수한 경우가 많기 때문이다.

그렇기 때문에 이들 강남권 소형 아파트는 비강남권 중소형 아파트와 함께 이번 대세 상승장 초기 소외될 가능성이 높다. 물론 이건 이번 정권의 부동산 정책, 특히 양도소득세와 종부세 정책 시행시점을 잘 봐야 한다. 이들 정책이 나오기 전에 상승장이 먼저 시작된다면 이들 주택이 오히려 시세 상승을 이끌 것이기 때문이다. 하지만 예상하는 정책이 시행된다면 이들 주택은 쏟아지는 매물 때문에 한동안 약세를 이어갈 것이다.

실수요자나 중대형을 살 만큼 목돈이 부족한 투자자라면 오히려 이 구간에서의 눌림목을 활용하는 것도 좋다. 양도소득세 절세 목적의 급 매물을 소화한 후에는 시장의 상승흐름을 따라갈 것이기 때문이다.

그렇다. 블루칩이 먼저 오르고 이후 옐로칩이 갭 메우기에 나서는 주식시장처럼 부동산시장 역시 상승장에서 순환매 양상을 보이며 순차적으로 오를 것이다. 거래비용을 잘 계산해 주의 깊게 파도타기에 나서면 꽤 놓은 수익률을 기대해도 좋다.

그렇다면 이번 상승장에서 한동안 소외될 수도권 외곽의 중대형 아파트까지 오르게 되면 어떻게 될까? 아마 이번 대세상승의 꼭지점을 알리는 시그널이 아닐까 한다. 모든 상승장과 하락장이 그렇듯 이번 대세상승장도 언젠가는 그 정점을 찍고 다시 내리막을 탈 것이다. 외곽의 중대형 아파트까지 매수세가 몰리는 시점이 되면 그것이 정점일 확률이 매우 높다.

종부세 날개 단 수익형 부동산

2012년 이후 상가와 꼬마빌딩 시장은 매년 정점을 갱신하며 그 인기를 더해가고 있다. 그런데 그 동안의 상승피로감 때문에 2016년 말 주택시장과 함께 잠시 쉬어가던 이 상가와 꼬마빌딩 인기가 한동안 더 올라갈 것 같다. 금리가 한동안 동결되거나 인상되더라도 매우 제한적으로 인상될 것이기 때문이다.

경기가 분명한 회복세에 접어든 것도 한몫 한다. 많은 사람들이 불황이라고 하지만 신뢰할 만한 정부기관들의 수치를 보면 분명 경기는 바닥을 찍었다. 한국은행, KDI 모두 최근 보고서를 통해 경기회복에 대한 낙관적인 시각을 보여주고 있다. 물론 이 경기회복은 수출경기가 주도하고 있고 내수는 여전히 완전한 회복궤도에 들어서지 못하고 있다.

하지만 코스피가 연일 사상최고점을 갱신하고 수출경기 호조로 나라에 돈이 들어오는데 주택시장까지 상승한다고 하면 언제까지 내수만 홀로 부진에 시달릴 것이라고 보는가? 주식으로 돈을 벌고 내 집값이 올랐으면 기분이 좋아서라도 돈을 쓰는데, 이건 너무나 자연스러운 현상이다. 물론 해외여행도 가겠지만 집 앞에서 외식이라도 한 번 더하고 삼겹살 먹을 걸 등심 먹게 되는 것이다. 코스피 사상최고점 갱신과 무역수지 흑자는 이미 눈에 보이는 현상이고, 주택시장 대세상승이라는 예측만 맞아떨어지면 내수경기 역시 바닥을 찍고 회복세를 보일 것이다.

이는 결국 상가나 꼬마빌딩의 주 임차인인 자영업자의 수요와 질을 늘려 임대료 상승효과를 가져오게 된다. 그리고 이는 낮은 금리와 어우러져 수익형 부동산 가격을 밀어 올리게 된다. 수익형 부동산시장은 정부의 규제도 덜해 특정 지역 상가나 빌딩 가격이 오른다고 정부에서 이를 억누르기 위한 맞춤형 정책을 들이댈 일도 없다.

결정적으로 상가와 꼬마빌딩 가격을 오르게 하는 요인이 하나 있다. 앞서 말한 이유들은 모두 경제흐름에 따른 자연스러운 일들이니 굳이 이번 정책 장에서 다룰 이유도 없다. 예상대로 문재인 정권에서 종부세를 강화한다면 주택시장에서 자금이 빠져나가 상업용 부동산시장으로 이동하게 된다. 이들 부동산은 종부세 대상이 아니기 때문이다. 참여정부 때 나온 종부세 세부조항을 보면 상가와 사무실 등 빌딩은 대부분 종부세 대상에서 제외되며, 이번 정권에서 종부세를 강화해도 그 기조는 대부분 유지될 것으로 보인다.

개인 별로 합산가치 80억 원 미만의 상업용 부동산은 종부세 대상에서 제외된다. 그나마 공시지가 기준이니 대충 계산해도 100억 원 대의 작은 건물은 아파트 한 채 정도 더 있어도 종부세 대상이 아닌 것이다. 따라서 다주택자들이 중소형 주택에 투자한 돈을 회수하면 이 돈은 우선 강남권 중대형 주택으로 이동하고 또 일부는 주식시장으로도 가겠지만, 주택시장을 빠져 나온 자금 중 상당수는 이들 상가나 꼬마빌딩 시장으로 이동하게 된다. 한번 부동산에 크게 투자한 사람은 계속 부동산에 투자하기 마련이다.

물론 중소형 주택 보유자들이 임대사업자 등록을 하면 임대사업 등록을 한 기준시가 6억 원 이하의 주택은 종부세 대상에서 제외된다. 양도소득세에서도 혜택을 받는다. 그렇다면 임대사업자로 등록을 하면서까지 계속 중소형 주택에 투자를 할까? 일부는 그렇겠지만 대다수는 아니다. 임대사업자 등록을 하려면 기준 시가 6억 원 이하라는 요건도 있지만, '4년 이상 보유'해야 양도소득세 혜택을 받을 수 있다.

또 아직까지는 월세나 전세를 준 주택에 대해 소득세를 내는 경우가 거의 없었지만, 향후 주택 임대소득에 대한 과세가 강화될 예정이다. 더구나 앞으로는 주택임대소득에 대해 건강보험료까지 납부해야 한다. 임대사업에 대한 과세가 완전히 정착되기 까지는, 즉 임대인이 내야 하는 소득세와 건보료까지 포함하여 전월세가 오르기 전까지는 소득세와 건강보험료까지 추가로 내면서 굳이 중소형주택 임대사업자를 하겠다는 사람은 많지 않을 것이다.

현재 주택임대사업자 제도는 중장기적으로 안정적인 임대료를 받으려는 사람들이 대상이다. 시세차익을 목적으로 비교적 단기로 중소형 주택에 투자하는 사람들을 위한 제도가 아닌 것이다. 특히나 이번 정부처럼 부동산 정책의 변화를 예측하기 힘든 상황에서 중장기를 전제로 주택에 투자하는 것은 정책 변수라는 매우 큰 리스크를 감당해야 한다.

극단적으로 내수경기 회복이 늦어지더라도 종부세 강화만 시행되면 주택시장에서 빠져 나온 돈 상당수가 이들 상업용 부동산시장에 몰리게 된다. '늦었다고 생각할 때면 이미 늦은 거다'라는 말이 요즘 유행하지만, 상가나 건물시장으로 보면 모두 늦었다고 생각하는 2017년이 막차일 수도 있다. 부동산이 폭등하면서 종부세가 강화되면 부동산시장 상승세를 이끌어갈 양날개가 주택시장에서는 강남권 대형 아파트, 상업용 부동산시장에서는 상가와 꼬마빌딩일 것이기 때문이다.

꼬마빌딩 시장에서 조심해야 할 것이 하나 있다. 바로 다가구주택이다. 외관상이나 쓰임새에서나 다세대와 다가구는 큰 차이가 없어 보이지만 세법상으로 이 둘은 큰 차이가 있기 때문이다. 다가구는 건물 한 채가 전부 주택으로 분류된다는 것이 핵심이다.

장기보유 특별공제: 1가구 1주택 VS. 다주택 또는 일반 건물

보유기간	1세대 1주택	다주택/건물 · 토지
3년 이상~4년 미만	24%	10%
4년 이상~5년 미만	32%	12%
5년 이상~6년 미만	40%	15%
6년 이상~7년 미만	48%	18%
7년 이상~8년 미만	56%	21%
8년 이상~9년 미만	64%	24%
9년 이상~10년 미만	72%	27%
10년 이상	80%	30%

이게 지금까지는 장점으로 작용하였다. 은퇴세대가 다가구주택을 구입하거나 신축하여 제일 위층에 주인세대가 거주하며 나머지 층을 원룸이나 투룸으로 임대하는 것이다. 이러면 전체 건물이 한 채의 주택으로 간주되어 1가구 1주택 요건을 충족한다. 9억 원 이상 금액에 대해 1가구 1주택의 장기보유 특별공제를 적용 받는 것이다. 이 1가구 1주택 장기보유 특별공제는 매우 강력하다. 10년만 보유하면 양도차익의 80%까지 공제되어 양도차익이 10억 원을 넘더라도 실제 양도소득세는 몇 천만 원에 불과하다.

반면 같은 건물을 다가구가 아닌 다세대나 근생으로 보유하면 1가구 1주택 장기보유 특별공제가 아닌 일반 부동산 장기보유 특별공제를 적용 받게 된다. 최대 80%가 아닌 30%만을 공제받게 되어 심한 경우 억 단위의 세금을 더 부담해야 하는 것이다.

그런데 이 다가구주택이 종부세 제도 하에서는 대부분 9억 원 이상의 고가주택이 되어 과세 대상이 되는 것이다. 더구나 다른 보유 부동산이 많다면 모두 합산 대상이 된다. 반대로 같은 규모의 건물을 다가구주택이 아닌 근생이나 다세대로 보유하고 있다면 공시지가 80억 원이 넘지 않는 이상 종부세에서 제외된다. 상황이 역전된 것이다.

종부세가 강화된다고 해서 소형주택처럼 다가구주택이 매물로 쏟아져 나올 것으로는 보이지 않는다. 하지만 주택시장에서 투자금을 회수해 상업용 부동산시장에 투자하는 사람들은 대개 다른 보유 부동산이 적지 않을 것이다. 따라서 종부세 합산과세 대상이 되는 다가구주택에 대한 투자는 최대한 피하고 종부세 대상이 아닌 상가나 일반 근생건물, 다세대주택에 투자할 것이다.

현재 서울 도심 일대의 2종 일반 주거지역에 근생, 다세대와 혼재해 있으며 최근 꼬마빌딩 붐의 수혜를 함께 받고 있는 다가구주택은 앞으로는 투자하더라도 정말 낡아서 부수고 신축하는 용도로만 제한될 것이다. 따라서 가격이 떨어지진 않겠지만 주변 근생이나 다세대에 비해 시세 상승폭이 낮을 것으로 보인다.

재건축 규제 강화

재건축은 사실상 끝났다고 보는 것이 맞다. 2017년 말에 종료되는 초과이익환수제가 부활할 것이 자명한 데다 기부채납, 소형평형 의무화 비율, 임대주택 건립 등 규제가 더욱 강화될 것이다. 현 정부가 서울시와 함께 강남권 임대주택 공급을 통해 서울에 마지막으로 남은 보수 텃밭인 강남구와 서초구를 공략할 것이기 때문이다.

가만히 두면 주택 노후화로 전세가가 지속적으로 낮아져 점진적으로 민주당에 우호적인 주민 수가 늘어나는데 굳이 인센티브를 주어가면서 보수층에 표를 던질 것이 뻔한 주민의 수를 늘릴 필요가 없는 것이다.

이런 정책은 사실 하늘 아래 새로운 것이 아니다. 19세기 미국의 정치사를 봐도 뉴욕시 일부 의원들이 이민심사국이 있는 앨리스 섬에 진을 치고 기다리다 자신과 동향의 이민자들이 오면 이민국 관리들을 압박해 무조건 입국시켰다는 역사도 있다. 이렇게 들어온 동향의 이민자들은 하원의원의 명함을 받아 들고 그 지역구로 가서 자리를 잡았다.

이 앨리스 섬의 사례는 조선족 귀화정책에도 많은 참고가 되었다. 참여정부 시절 강금실 법무장관 주도로 외국인 지문날인 제도까지 폐지하는 무리수를 둬가며 조선족들을 귀화시켜 투표권을 부여했다. 또 불법체류 조선족들의 점거농성 현장에 현직 대통령이 격려 방문해 "힘내라"는 휘호까지 남기는 촌극이 벌어진 일도 있다. 이 역시 고령화와 출산율 저하로 점차 보수층 유권자 비율이 높아지자 조선족을 귀화시켜 표를 확보하려는 정치적 노력이었던 것이다.

다시금 말하지만 특별히 어떤 정책을 비판하려는 목적이 아니다. 정권을 잡고 유지하기 위해 자신의 권력을 활용하는 것일 뿐이고, 이러한 정치적 움직임을 주어진 조건으로 받아들여 이 정책의 목적과 흐름을 이용해 나 역시 나에게 최대한 유리한 방향으로 활용하려는 것뿐이다.

기업은 수익을 위해서 움직이고 정치권은 표를 위해 움직인다. 삼성이나 엘지가 '대한민국 경제를 위해 열심히 노력한다'는 기업광고를 보고 감동하는 것만큼이나, 보수나 진보를 막론하고 어떤 특정 정치인이 '순수한 마음에서 국민들을 위해 봉사한다'는 말을 믿고 성원하는 것 역시 어리석은 일이다.

재건축이 힘들어지는 건 표심 외에 또 하나의 이유가 있다. 이번 정부는 도시재생을 주된 공약으로 내세웠다. 이는 이명박 전 대통령이 서울시장 시절 펼쳤던 뉴타운 정책과 그 대상 지역은 같지만 목적이나 방법에 큰 차이가 있다. 이는 박원순 시장의 가로주택정비 사업과 그 맥락을 같이 하기 때문이다.

이전의 뉴타운과 현 정부 도심재생 사업의 가장 큰 차이점이 뭘까. 뉴타운은 노후지역을 철거해 새로운 아파트 단지를 건설하는 것이고, 도시재생 사업이나 박원순 서울시장이 추진하고 있는 가로주택정비 사업은 기존 주택단지를 그대로 둔 채 도로와 공공시설을 정비하고 기존 주택을 개량하는 데 일부 보조를 해줘 현 주민들이 그대로 거주하게 하는 것이다.

재개발 재건축 사업을 통해 집값이 비싼 새 아파트가 들어서면 노후주택에서 살던 주민들은 수도권 외곽으로 떠나게 된다. 그리고 아무래도 새 단지의 주민들은 기존 노후주택 주민들에 비해 보수층 비율이 높을 것이다. 지금까지는 박원순 서울시장 홀로 대항해 왔는데 이제 중앙정부와 손발이 맞게 된 것이다.

중앙정부와 서울시의 모든 정책지원은 앞으로 이 도심재생에 초점이 맞춰지고, 재건축은 '이 모든 규제를 다 받아들이고도 할 테면 해라'라는 식으로 밀리게 된다.

결론적으로 서울 지역에는 재건축이나 재개발로 인한 공급이 제한된다. 50조 원이 투자된다는 도시재생은 실제 신규공급 물량이 미미하다. 대부분 기존 주택과 주변 환경을 개선하는 데 쓰이고 신규공급 물량은 대부분 공공임대 형태가 될 것이기 때문이다.

입지:
철저하게 서울 위주로

부동산의 3요소 중 가장 중요하다는 1요소 '입지'가 왜 제일 마지막에 나올까? 이번 상승장에서는 3요소 중 가장 덜 중요한 요소이기 때문이다.

여러 차례 말한 대로 이번 상승장에서 가장 중요한 변수는 정책 요소다. 전반적인 타이밍은 분명 매수 타이밍이지만 정책 변수에 따라 지역별, 용도 별로 희비가 엇갈리고 순환매가 발생할 것이기 때문이다. 그리고 '부촌이 입지고 입지가 부촌'이라는 명제가 있긴 하지만, 이번 정권에서 가장 정책적 불이익을 받을 지역 역시 이들 부촌이기 때문이다.

마침 이번 정권은 예전에 한 번 경험했던 정권의 데자뷰에 가깝기 때문에 큰 그림을 그려 방향성을 예측해볼 수는 있다. 하지만 세부적으론 새로운 정책이 예고되고 입안될 때마다 면밀히 관찰하며 유기적으로 대응하는 방법밖에 없다.

이 책을 쓰는 동안 김수현 사회수석 임명 기사가 나왔다. 참여정부 시절 사회경제 비서관을 지내며 부동산 대책에 깊이 관여했던 인물이다. 공공임대 정책과 도시재생 공약을 챙길 것으로 보이는 김수현 사회수석의 임명 사실로 볼 때 어느 정도 방향성이 그려진다.

앞서 언급했듯 참여정부는 시장경제를 근간으로 하는 세계 11위 경제 대국에서 토지사유화에 대해 다른 견해를 가진 비주류 경제학자에게 청와대 정책실장의 타이틀을 달아주었다. 그리고 그가 시장경제를 근간으로 하는 여타 정책들과 방향이 다른 정책을 입안했기에 혼란이 야기되었던 것이다. 사람이 하는 정책은 언제든 합리적 예상과 다른 방향으로 흘러갈 수 있다.

대표적인 것이 최근 다시 뜨거운 감자로 떠오른 재건축 초과이익환수제다. 기존 낡은 집을 부수고 새 집을 짓는데, 새 집의 가격이 기존 주택 가격에 건축비를 더한 원가보다 5,000만 원을 초과하게 되면 정부가 그 중 절반을 '초과이익환수'라는 명목으로 가져간다는 말이다.

이 정책 입안 당시의 논리는 '정부의 정책이 바뀌어서 혜택을 입었으니 그 혜택에 대한 세금을 내는 것이 당연하다'였다. 당시 ① 양도하지도 않고 보유만 해도 미실현 이익에 대해 정부가 과세한다는 점과 함께 ② 이미 2종, 3종으로 용도지역이 지정된 땅에 예전에는 사업성이 없어 허용 용적률을 채우지 않고 아파트를 지었는데, 이제 와서 법에 따른 허용 용적률대로 건축을 한다 해서 그것이 정책 혜택을 입은 초과이익이냐라는 반발이 있었다.

이 지적도 타당하지만 보다 결정적인 문제가 있다. 논리대로라면 새로 고속도로가 뚫리면 고속도로 IC 부근의 땅값이 올라가니 이 땅의 주인들에게도 모두 초과이익환수를 해야 하고, 지하철역이나 학교가 생겨도 역시 인근 지역 토지주나 건물주, 아파트 주민들에게 오른 집값과 땅값에 대해 초과이익환수제를 적용해야 한다는 형평성의 문제가 생긴다.

즉 사회의 모든 부분에 사유재산의 원칙이 적용되는데 극히 일부에만 다른 원칙을 적용하니 서로 논리가 뒤엉켜 혼란이 생긴 것이다. 물론 그 정책을 입안한 사람들은 이것부터 시작하고 장기적으로는 사회 전반에 걸쳐 유사한 원칙을 적용하고 싶은 꿈이 있었을 것이라고 생각한다.

이 토지공개념에 기반한 정책들은 위헌 사유가 있다. 이미 노태우 정부에서 추진한 토지공개념 관련법들이 잇달아 위헌 판정을 받고 폐기된 전례가 있다. 재건축 초과이익환수제는 미실현 이득에 대한 과세로 이 부분은 이미 과거 헌법불합치 결정을 받았다.

알면서도 다시 이런 정책을 들고 나온 이유는 명확하다. 노태우 정부에서 들고나온 토지공개념 관련법들이 위헌 판정을 받은 것은 그 다음

▌토지공개념 관련법 위헌 판결

시기	위헌 법률	위헌 사유
1994년 7월	토지초과이득세 헌법불합치 결정	미실현 이득에 대한 과세 등
1999년 4월	택지소유상한에 관한 법률 위헌 판정	재산권의 과도한 침해

인 김영상 정부와 심지어 차차기인 김대중 정부 시절이었다. 실제 위헌 판정을 받기까지 시일이 오래 걸리니 그 동안에 정책적 목적을 달성할 시간은 충분한 것이다.

참여정부 초기 이러한 정책에 당황한 나머지 "지금 사회주의를 하자는 것이냐"고 반발하다 땅 투기꾼 딱지를 쓰고 불명예스럽게 공직에서 물러난 이헌재 재경부 장관과 강동석 건교부 장관도 청와대의 정책이 미처 예측하지 못한 방향과 선을 넘나들자 즉흥적으로 대응하다 낭패를 당한 것이라고 생각한다. 설마 그렇게까지 할 줄은 몰랐던 것이다.

장기적으로 입지는 부촌이고 부촌은 입지라는 명제에는 변함이 없다. 이번 상승장에서 정책 변수로 부촌이 일시 하락 압력을 받는다면 매수 타이밍으로 봐도 무방할 것이다. 이제 한국도 부촌의 변화가 크지 않고 부촌은 인근지역에서만 돌고 돌 것이기 때문이다. 부촌의 부동산은 좋은 타이밍에 매수해 장기간 묵혀두는 방식으로 접근하는 것이 현명한 투자인 것이다.

사실 대세 상승장에서는 앞뒤 순서의 차이가 있을 뿐 대개 눈감고 찍어도 오른다고 보는 것이 맞다. 자기가 잘 아는 지역에 평소 눈 여겨 보던 부동산에 투자하면 순서의 차이일 뿐 오를 것이라는 말이다. 다만 이번 상승장은 철저하게 서울 위주로 갈 것이다. 수도권은 일부 인기 택지지구와 GTX 신설 역세권을 제외하면 소외 당할 공산이 크다.

상황변화에 유동적으로 대체할 자신이 있는 투자자라면 굳이 상승장에 부촌을 사서 묵혀둘 필요는 없다. 이번 상승장에서는 정책 변화에 맞추어 돌고 도는 순환매를 따라 수익을 극대화하다가 정점에서 수익을 실현하면 된다. 그리고 상승장에 필연적으로 수반되는 다음 금융위기 혹은 경제위기 때 다시 크게 베팅하면 되기 때문이다.

물론 말처럼 쉬운 일은 아니다. 정점에서 수익을 실현하고 하락장에서 베팅한다는 것이 그리 쉽겠는가.

다음 하락장을 대비하며

모든 대세상승장이 그렇듯 이번 상승장도 언젠가는 정점에 닿을 것이며 이어 하락장이 펼쳐질 것이다. 앞서 말한 미국의 상황을 보면 이번 상승장은 금리 상승으로 경기과열을 조절하는 일반적인 경우가 아닐 공산이 크다. 상황에 따라 트럼프 행정부와 연준이 줄다리기를 하겠지만 결국 이번 기회에 미국의 오랜 고질병을 고쳐보겠다는 정부의 강력한 드라이브로 연준이 어느 정도는 양보해가며 일정부분 인플레이션을 용납할 개연성이 큰 것이다.

그렇다면 마지막은 어떻게 될까? 산이 높은 만큼 골이 깊다고 했듯이 인플레이션은 버블을 키우고 버블이 커진 만큼 그 부작용도 클 것이다. 이번 대세상승장의 끝에는 예상 외로 큰 경제위기나 금융위기가 기다리고 있을 공산이 크다. 2008년 금융위기보다 그 파장이 클지 현재로서 예단할 순 없지만 만만치 않은 규모의 금융위기가 기다리고 있을 것이다.

그렇다고 해서 "2017년부터 이미 버블붕괴를 예고했다"고 앞으로도 주장하고 싶은 마음은 없다. 언제부터인가 경제는 단순한 '상승과 하강'이 아니라 '과열과 붕괴'라는 극단적인 롤러코스터를 탄다는 것이 하나의 상식처럼 여겨져 왔기 때문이다.

이는 인간의 탐욕과 희미해지는 기억력 때문이다. 늘 버블의 정점에선 '앞으로는 계속 좋을 것'이라는 희망이, 폭락의 저점에선 '앞으로는 절대 좋아지지 않을 것'이라는 절망이 있어왔다. "미국 주가는 영원히 하락하지 않을 고원에 도달했다." 1929년 미국 대공황이 오기 직전 저명한 경제학자 어빙 피셔Irving Fisher가 한 말이다. 피셔 효과로 잘 알려진 이 저명한 경제학자는 이 말 한마디 때문에 피셔 효과를 발견한 공로보다 버블에 취해 망언을 한 경제학자로 영원히 기억되고 있다.

저명한 경제학자도 버블에 취하면 이렇게 되는데 우리 같은 범인들이야 오죽하겠는가. 거품이 발생할 조짐이 분명히 보이고, 그 거품은 반드시 꺼질 것이다. 하지만 지금은 아직 생기지도 않은 거품이 언제 어떻게 꺼질까를 걱정하기보다, 그 거품이 어디서 어떤 모양으로 생길지를 먼저 예측하고 지켜보는 것이 더 현명할 것이다.

인생은 그리 길지 않다. 이 거품이 몇 번 생기고 꺼지는 것을 지켜보다 보면 우리 인생도 금방 저물 것이다. 그 때 가서 아무 행동도 취하지 않은 채 '이 또한 언젠가는 지나가리라' 하며 지켜만 보던 것을 후회해봐야 아무 소용이 없는 것이다.

본격적인 버블은 2018년 하반기부터 생길 것으로 예상된다. 2017년은 아직 새 정부의 정책방향성에 대해 다들 눈치를 보는 시기이고 미국의 금리인상이 예상되기 때문이다. 그리고 2018년은 다들 알고 있듯 서울과 수도권 일부 지역에서 공급과잉이 우려되는 시기이기 때문이다. 그렇기 때문에 폭락은 없겠지만 서로 눈치를 보느라 매수세가 폭발적으로 늘지는 않을 것 같다. 2017년 상반기에 눈치를 보며 슬금슬금 오르던 장세는 하반기 쯤에 큰 규제를 얻어맞고 주춤하다가 서울과 수도권의 입주물량이 어느 정도 소화된 2018년 이후 본격 상승하기 시작할 것이다.

현재로서 하락의 시점을 예측하는 것은 불가능하다. 버블의 모양과 크기를 알아야 꺼지는 시점과 형태도 예측할 텐데 아직 버블은 생기지도 않았기 때문이다. 하지만 버블의 모양을 대강 그려보았으니 그 꺼지는 형태도 짐작은 해볼 수 있다.

트럼프 대통령이 재선에 성공한다면 2기 집권기 초중반에는 버블이 꺼지지 않을까 조심스레 예측해본다. 집권 1기에는 재선이 목표이니만큼 금융위기가 발생할 상황이 생기더라도 대증요법과 극약처방을 해서 이를 뒤로 미룰 것이기 때문이다.

시기적으로 보면 집권 1기인 2020년까지는 상승세를 타다가 2021~2023년 사이에 위기가 발생할 가능성도 있다. 그리고 그 진원지는 중국이 될 가능성이 크다. 물론 중국의 금융위기, 경착륙 이야기는 강남집값 거품론 만큼이나 오래되어 식상한 주제이기도 하다. 하지만 이번 버블의 끝이 중국 발 금융위기일 가능성은 다른 어느 때보다 크다.

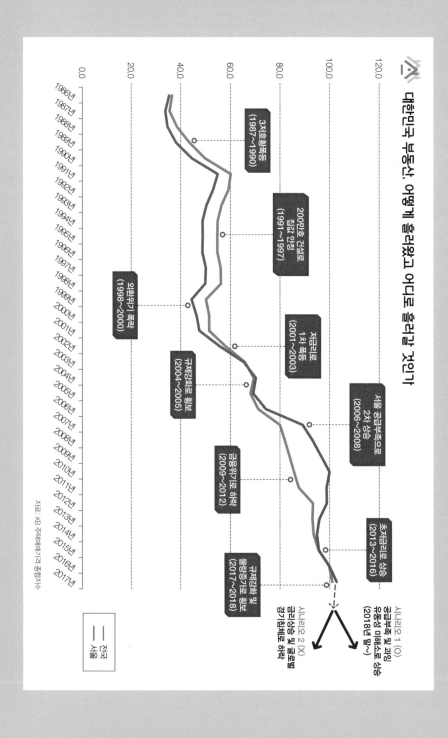

대한민국 부동산, 어떻게 흘러왔고 어디로 흘러갈 것인가

120.0

100.0

80.0

60.0

40.0

20.0

0.0

1986년
1987년
1988년
1989년
1990년
1991년
1992년
1993년
1994년
1995년
1996년
1997년
1998년
1999년
2000년
2001년
2002년
2003년
2004년
2005년
2006년
2007년
2008년
2009년
2010년
2011년
2012년
2013년
2014년
2015년
2016년
2017년

3차호황활득
(1987~1990)

200만호 건설로
집값 안정
(1991~1997)

외환위기 폭탄
(1998~2000)

저금리로
1차 폭등
(2001~2003)

규제강화로 횡보
(2004~2005)

서울 공급부족으로
2차 상승
(2006~2008)

금융위기로 하락
(2009~2012)

저금리로 상승
(2013~2016)

규제강화 및
물량증가로 횡보
(2017~2018)

시나리오 1 (O)
공급부족 및 과잉
유동성 미해소로 상승
(2018년 말~)

시나리오 2 (X)
금리상승 및 글로벌
경기침체로 하락

— 전국
— 서울

자료: KB 주택매가격 종합지수

예측이 어긋난다면
어디에서 잘못된 것일까?

상승장이 오지 않을 가능성도 있을까? 물론 있다. 이제 와서 이런 소리를 늘어놓으면 결국 '이럴 수도 저럴 수도 있다'는 뻔한 예측으로 들릴지 모른다. 하지만 이 책에서 한 것은 예언이 아니라 예측이다. 예언은 뭔가 뚜렷한 근거는 없지만 확신을 가지고 하는 것이 예언이다. '신의 말씀'이나 '꿈 속 계시', '육감' 등을 말한다. 반면 예측은 각자의 경험과 지식을 바탕으로 특정 근거를 가지고 하는 것이다. 이 근거 자체가 흔들린다면 예측은 바뀔 수밖에 없다.

그렇다면 어떤 근거가 흔들릴 수 있다는 말인가? 우선 경기회복이나 금리의 제한적 인상 부분은 크게 달라질 가능성이 낮다. 미·중 간 전면적인 무역전쟁이나 중국 발 금융위기, 북핵 같은 극단적인 돌발변수가 아니라면 말이다. 반면 정책 변수는 언제든지 극단적으로 흐를 수 있다.

한국의 부동산 정책은 간혹 그런 면을 보여왔다.

마치 특정 성향의 정권을 비판적으로 기술하는 것처럼 보인다는 것도 안다. 하지만 이런 극단적인 부동산 정책은 반드시 진보 정권에서만 나온 것은 아니다. 우리가 아는 가장 극단적인 부동산 정책은 '보수'도 모자라 '극우'라고 불려도 할 말이 없을 군사정권 하에서 나왔다.

타임머신을 타고 1980년대 후반으로 갔다고 해보자. 지금 가지고 있는 모든 지식과 경험을 가지고 1990년대 한국 부동산시장을 예측하라고 한다면? 분명 폭등한다고, 대세상승의 시점이라고 예측했을 것이다.

근거는 역시나 경제성장에 있다. 1980년대 후반부터 1990년대 중반까지 단군 이래 유례없는 호황을 누리고 있었다. 유가는 1990년대 초반 일시적인 상승을 제외하고는 낮은 가격을 유지했고 금리는 1990년대 후반 외환위기가 올 때까지 지속적으로 우하향 곡선을 유지하고 있었다. 플라자합의로 타격을 받은 엔화와 마르크화에 비해 원화 경쟁력은 지속되고 있어 계속되는 수출호황으로 나라 전체에 돈이 돌고 있던 시기다. 당연히 부동산도 폭등해야 했고, 1980년대 후반 이미 폭등에 폭등을 거듭하고 있었다. 집값이 떨어질 이유가 없어 보였다.

부동산 하락은 극단적인 정책에서 시작되었다. 앞서 설명했듯 부동산이 급등하면 여기서 소외된 서민·샐러리맨 층이 동요해 가뜩이나 취약한 정권기반이 흔들릴 수 있다는 불안감이 있었다. 때문에 주택 200만 호 건설이라는 극약처방을 내린 것이다. 이게 왜 그토록 극약처방일까?

내가 만약 1989년으로 돌아가 '주택 200만 호 건설'이라는 정책을 언론에서 접했어도 여전히 부동산은 상승할 것이라는 견해를 유지했을 것이다. 이미 불가능한 계획이라고 한 번 결론이 났던 정책이기 때문이다.

노태우 대통령의 주택 200만 호 건설은 하늘 아래 새로운 내용이 아니었다. 박정희 시대에도 250만 호 건설 정책이 있었고 노태우 대통령의 쿠데타 동지이자 전임 대통령이었던 전두환 대통령은 한 술 더 떠 주택 500만 호 정책을 추진했었다. 역시나 주택가격이 급등하자 쿠데타로 집권한 취약한 정권 기반이 흔들릴 것을 우려해 생각해냈던 정책이다.

그럼 5공화국 시절에 주택 500만 채가 지어졌을까? 결론적으로 말해 아니다. 6년 동안 약 100만 호 남짓 짓고 끝났다. 애초에 무리한 정책이었기 때문이다. 경제부처를 비롯해 모든 관련 부처와 장관들이 반대해 결국 무산되고 말았다. 박정희의 250만 호 건설도 마찬가지로 중도 포기했다.

그렇다면 200만 호는 500만 호에 비해 상대적으로 용이했기 때문에 가능했을까? 200만 호 건설 역시 엄청난 정부 내부와 사회적 반대에 부딪혔다. 아이러니한 것은 부동산 가격을 잡겠다는 보수 정부의 정책을 당시 야당이었던 진보세력(DJ의 평화민주당)에서 반대한 것이다. 이유는 신도시가 들어설 분당과 일산 농부들의 생존권이 걱정된다는 이유에서였다. 정치란 이런 것이다.

정치공세는 둘째치고 정말로 '현실적으로' 실현 불가능한 정책이었다. '건축자재가 부족해 세척하지 않은 바다모래로 신도시를 지었다' 정도가 아니다. 당시 평촌과 산본의 일부 아파트는 멀쩡히 짓던 아파트를 중간에 부수고 다시 지어야만 했다. 시멘트 품귀현상이 극심해 정도가 심해도 너무 심한 불량 레미콘이 납품된 것이다. 공사를 하는 와중에 양생이 끝난 콘크리트가 부스러지기 시작해 도저히 공사를 진행할 수 없었다고 한다.

건축자재만 부족한 것이 아니었다. 집을 지을 사람 자체가 부족했다. 지금처럼 조선족이나 동남아 노동자를 들여올 상황도 아니었다. 중국과는 국교 자체가 수립되기 전이라 사람이 왕래할 수조차 없었다. 숙련공은 고사하고 단순노무인력도 부족해 180만 명이 필요하다고 추산된 신도시 건설현장에 실제로는 120만 명만 투입되었다는 조사도 있다.

건설현장에서 비롯된 극심한 인력부족 현상은 제조업으로까지 확산되어 사회 전체적으로 임금을 폭등시켰다. 당시만 해도 그리 부자집이 아니더라도 다 입주식모를 두던 시절인데, 1990년을 전후해 사회 전반적으로 임금이 폭등하자 입주식모는 일부 정말 부유한 계층을 제외하고는 자취를 감췄다. 1980년대 주택에 기본으로 있던 부엌 안의 식모방이 1990년대 초반 평면부터는 없어진 이유이기도 하다.

그럼 왜 전 정권에서 무리하다고 판단돼 실행하지 못했던 정책을 노태우 정권은 밀어붙였을까? '전땅끄'와 '물태우'라는 세간의 시선이 잘못 알려진 것일까? 오히려 그 반대였다. 이미 쿠데타로 집권한 전두환 정권은 여차하면 다시 한번 탱크로 밀어붙이면 된다는 최후의 수단을 생각했을 것이다. 반면 1987년 6월 항쟁을 겪으면서 '아 더 이상 탱크로 밀어

붙이는 방식으로는 정권을 잡을 수도 지킬 수도 없겠다'는 인식 하에 출발한 노태우 정권은 이런 최후의 보루가 없었던 것이다.

결국 주택 200만 호 건설은 그 위력을 발휘했고, 온 나라가 경제호황에 취한 1990년대 초중반 부동산시장만은 홀로 하락세를 면치 못했다. 그렇다면 타임머신을 타고 당시로 돌아간다면 이런 상황을 예측할 수 있었을까? 전혀 그렇지 않았을 것이다. 예상치 못한 극단적인 정책의 실행을 눈으로 보며 매우 당황해 했을 것이다.

역대 정권들의 정책을 비교하며 하나의 귀중한 교훈을 얻었다. 바로 '정책이라는 것은 이렇듯 사람의 머릿속에서 나오는 것이고, 사람마다 그 생각의 방향과 의지의 강도가 달라 방향성을 예측하기 힘들기 때문에 매우 극단적인 형태를 띨 수도 있다'는 것이다.

앞서 집값이 오르는 이유는 크게 '공급 부족'과 '과잉유동성' 두 가지라고 했다. 반대로 말하면 공급이 과도하거나 유동성이 부족하면 집값이 떨어진다. 1990년대 초반에는 분명 경제호황에 따른 과잉유동성이 존재했다. 하지만 주택 200만 호 건설이라는 극단적인 정책을 밀어붙여 공급 과잉을 만들어냈고 결국 이 공급 과잉이 과잉유동성을 압도한 것이다.

사람의 머리에서 나오는 극단적인 정책 앞에 경제전망은 한없이 작아질 수 있다. 이는 보수와 진보를 가리지 않는다. 정치에 뛰어든 이상 정권을 잡는 것이 우선이고, 그러기 위해서는 정권 기반이 흔들려서는 안 되기 때문이다. 내가 정권을 잡아야 국민을 위한 나의 진정한 정책을 실행할 기회가 있지 않을까? 모든 정치인은 이렇게 생각하며 대부분의 시간과 열정을 '진정한 정책을 실행하는 것'보다는 '진정한 정책을 실행할 기회를 잡는 데' 투자하며 보낸다.

이번 정권 역시 부동산 정책이라는 면에서 극단적인 정책을 실행할 개연성이 매우 높다. 이번 정권 주역 대다수가 함께했던 지난 정권의 정책에서도 이미 확인된 바 있고, 성격이 전혀 다른 정권에서도 얼마든지 유사한 선택을 했기 때문이다.

김수현 사회수석이 임명되자 언론들은 일제히 "참여정부 시즌2"라는 기사를 내보냈다. 나도 '어, 이번에는 이정우 교수가 안보이네. 제2의 이정우가 누굴까?' 하다가 김 수석의 임명 기사를 보았다. 세월이 흐른 것이다. 세대교체가 되었지만 정작 본인은 불쾌할 수도 있다고 생각한다. '시즌2', '제2의 누구'라고 불리는 것이 좋을 사람은 없다. 그런 그릇이면 그 자리까지 가지도 못했을 것이다. 실제 2005년부터 실행된 참여정부의 부동산정책은 김수현 당시 비서관의 작품이라고 봐도 무방하다.

김수현 수석은 때가 되면 본인의 존재감을 드러내려 할 것이다. 이미 정책의 방향성은 정해졌다. 이 틀 안에서 존재감을 나타낼 방법은 하나밖에 없다. 더 세게 하는 것이다. 문재인 정부 출범 후 눈치를 보면서도 여기저기서 부동산시장이 조금씩 들썩이고 있다. 제일 먼저 두드러지는 쪽이 시범 케이스로 매우 강한 규제를 맞을 공산이 크다. 새 정부가 시장과 마주하는 첫 정책인데 적당히 할 리도 없고 하는 입장에선 그리 해서도 안 될 것이다. 첫 정책부터 시장의 기선을 제압해 이정우의 그림자를 지우고 '김수현' 이름 석자를 각인시킬 것이다.

노태우 정권이 주택 200만 호 건설이라는 극단적인 공급정책을 써서 주택가격을 잡는 데 성공했지만, 이번 정권에서 유사한 공급확대 정책을 쓸 가능성은 극히 낮다. 인구가 늘고 수도권이 확대되던 당시 상황과 다르게 이미 인구가 정체되어 있고, 지난 정부에서조차 신규택지지구 개발 포기를 선언할 만큼 재정적인 여력이 없기 때문이다.

이번 정권이 택할 가능성이 있는 정책은 수요억제정책으로 이미 DSRDebt Service Ratio(총부채원리금 상환비율)을 도입 예고했다. 이 DSR 규제는 주택담보대출 외에 모든 대출에 대해 적용한다는 점에서 기존의 DTI보다 한층 더 강화된 대출규제 정책이다. 쉽게 말해 같은 연소득일 때 대출받을 수 있는 금액이 줄어든다는 말이다.

물론 현재 예고한 DSR 규제는 150% 내외로 그리 강력하진 않다. 하지만 시장 상황에 따라 언제든 강화하고 대출총량 규제까지 더해지면 그야말로 현금 있는 사람 외에는 집 사기 힘든 상황까지 올 수 있다. 이렇게 제한된 주택구입 수요는 이미 도입이 예고된 '전월세 상한제도'와 '임차권 갱신제도'를 통해 전월세 시장으로 유도될 것이다. 주택구입 목적

DTI와 DSR 비교	
DTI(Debt to Income Ratio) 총부채 상환비율	DSR(Debt Service Ratio) 총부채원리금 상환비율
(주택담보대출 원리금 연상환액+ 기타부채 이자 연상환액)÷개인연소득	모든 부채 원리금 연상환액÷개인연소득

전월세 상한제도 & 임차권 갱신제도란?

전월세 상한제도 (안)	임차권 갱신제도 (안)
재계약 시 임대료 인상 상한선 5% 제한	2년 계약 후 1회에 한해 계약 갱신 보장, 총 4년 거주 보장 (국민의당은 3년 씩 2회 총 6년 주장)

의 대출을 죄는 정책과 세입자에게 극단적으로 유리한 전월세 상한제도 및 임차권 갱신제도가 동시에 시행되면 주택 수요를 극단적으로 차단해 일시적으로나마 부동산시장이 냉각되는 효과를 가져올 수 있다.

물론 공급이 제한된 상황에서 수요를 억눌러 인위적으로 하락시킨 자산 가격은 물꼬만 트이면 언제고 용수철처럼 튀어 오르며 폭등장세를 연출할 것이다. 앞서 말하지 않았던가? 주택시장에서 공급이 중요한 이유는 '수요란 것이 정말 예측 불가능한 영역이기 때문'이라고. 노태우 정부의 극단적인 정책이 먹힌 것은 예측 가능한 공급을 늘렸기 때문이다.

반면 참여정부와 마찬가지로 이번 정부는 공급을 늘리는 것이 아닌 수요를 억누르는 방식으로 부동산 가격을 잡으려고 할 것이다. 이 예측 불가능한 수요를 컨트롤하기 위해 여기저기 틈만 보이면 튀어 오르는 수요를 뒤쫓아 다니며 대책을 남발하다가 시간을 보낼 공산이 크다.

다만 이번 정권에서 예고하는 강력한 수요억제 정책은 적어도 단기적으로는 그 위력을 발휘할 수 있다. 이번 정권의 정책의 변화를 그 어느 때보다 유심히 지켜보고 그 맥락을 이해해야만 하는 이유이기도 하다.

한 가지 위안이 되는 것은 이번 정권의 제1정책목표가 부동산은 아닐 것이라는 사실이다. 참여정부는 집값 안정을 정권의 제1목표로 삼고 이미 노태우 정부에서 시도했다가 헌법재판소에서 위헌 판정을 받고 유명무실해진 '토지공개념'에 기반한 정책을 강하게 밀어붙였다. 토지공개념을 신봉하는 이정우 교수를 청와대 정책실장에 임명한 것도 부동산이 정부의 최우선 관심사였기 때문이다.

하지만 이번 정부에서는 초대 정책실장에 고려대학교 경영학과 장하성 교수를 임명했다. 공정거래위원장에 임명된 한성대 김상조 교수와 함께 '재벌저격수'로 불리는 인사다. 경제를 바라보는 시각은 이정우 교수와 마찬가지로 분배주의에 가깝지만 분야가 다르다. 장하성 교수와 김상조 교수의 공통 키워드는 '기업지배구조'다.

공정거래위원장이야 원래가 부동산과는 거리가 있는 자리이지만, 참여정부 당시 부동산 정책을 총괄기획했던 정책실장 자리에 부동산에 큰 관심이 없어 보이는 장하성 교수를 임명한 것이 눈에 띈다. 이는 곧 이번 정부에서는 부동산이 아닌 재벌개혁, 더 정확히는 기업지배구조의 선진화를 최우선 정책으로 삼고 있다는 것을 짐작할 수 있는 대목이다.

| 참여정부와 문재인 정부 청와대 정책실장 비교

직책	참여정부 초대 정책실장	문재인 정부 초대 정책실장
인물	이정우 경북대학교 경제학과 교수	장하성 고려대학교 경영학과 교수
공통점	불평등 해소를 위한 분배위주 정책	
차이점	– 부동산 세금부과를 통한 빈부격차 해소 – 토지공개념에 기반한 부동산 정책	– 재벌개혁과 기업지배구조 – 임금인상을 통한 분배정의 구현

부동산에 정부의 운명을 걸었던 참여정부와 달리 문재인 정부는 부동산 정책은 사회수석 선에 맡겨두고 기업지배구조를 중심으로 한 재벌 개혁과 임금상승을 통한 사회 격차해소에 정책 역량을 집중할 것이다. 김수현 수석은 물론 본인의 임무에 최선을 다하겠지만, 모든 정책 역량을 부동산에 집중하다시피 한 참여정부에 비해 그 강도는 약할 것이라고 기대할 수밖에 없다.

"그래서 지금 집을 사라는 거냐 말라는 거냐?"

이쯤에서 이렇게 반문하는 독자가 태반일 것이라고 생각된다. 결론을 단순하게 표현하면 '이번 정부는 정책 변수가 많아 주의가 필요하지만, 일단 시장 상황은 폭등을 예고하고 있으니 상승에 베팅하라. 다만 정책의 변화에 따라 치고 빠지는 단타 전략을 구사해야 한다'다.

현재 상황은 우선 공급 부족이 예상된다. 아니 예상할 것도 없이 눈으로 보인다. 택지지구를 통한 신규공급이 막힌 상황에서 서울 시내 유일한 아파트 부지 공급원인 재건축까지 막혔다. 2017년 내에 관리처분 인가를 못 받은 재건축 단지는 다음 정권을 기약하는 수밖에 없다. 그럼 재개발을 통해서 공급을 해야 하는데 문재인 대통령과 박원순 시장이 함께 추진하는 도시재생의 핵심은 '부수고 대규모로 새로 짓는' 게 아니라 '기존 노후주택 개보수와 도로정비' 등이다. 즉 공급은 늘지 않는다.

왜 공급을 늘리지 못하는지는 역시 앞에서 설명했다. 정치의 핵심은 정권을 잡는 것이다. 트럼프가 미국의 고질병을 고치기 위해 어느 정도의 인플레이션은 용납하듯, 한국의 이번 정부도 서울과 특히 강남권을 장악하기 위해 어느 정도의 부동산 상승은 감내하거나 수요억제 같은 다른 방법으로 잡으려고 할 것이다.

그렇다면 남은 방법은 하나, 과잉유동성이 해소되어야 한다. 즉 금리를 올려 유동성을 흡수해야 한다. 하지만 이 책이 부동산을 주제로 하고 있음에도 불구하고 미국 IT산업과 트럼프 얘기에 꽤 많은 부분을 할 애한 이유가 여기에 있다. 지금 미국은 금리를 올려야 하는데 국채부담과 무역적자를 줄이기 위해 금리를 제한적으로 올릴 수밖에 없다. 더구나 지금 상황은 2004년처럼 이미 벌어진 인플레이션을 막기 위해 급속히 금리를 인상해야 하는 게 아니다. 디플레이션을 막기 위해 오랜 기간 초저금리 상태를 유지했던 금리를 '정상화'해야 하는 시점인 것이다.

오히려 한국에서는 이 유동성이 더 늘어날 조짐까지 보인다. 미국의 경기 호황뿐 아니라 트럼프의 무역정책에 따라서도 한국은 피해가 아닌 수혜가 기대되기 때문이다. 1980년대 후반 3저 호황도 미국이 대미 무역 흑자국인 독일과 일본을 견제하기 위해 펼친 환율 정책 덕에 한국이 어부지리를 얻은 결과이다. 지금 상황도 당시와 유사하다. 독일과 일본에 더해 새롭게 등장한 중국까지 함께 견제해야 하는 미국의 환율정책에 따라 한국은 경상수지 흑자에 따른 유동성까지 넘쳐날 것이다. 이미 전 고점을 가볍게 뛰어넘은 코스피 지수가 이를 말해주고 있다.

그렇다면 이 해소되지 못한 과잉유동성과 서울지역의 공급 부족이 함께 만나면 어떤 일이 일어날까? 폭등이다. 경제적 이유로는 금리를 올리지 못하고 정치적 이유로는 서울 시내 공급을 늘릴 수가 없다. 이쯤에서 극단적인 수요 억제 정책이 나올 것이라고 예상하는 이유이기도 하다. 돈줄을 죄거나 집을 사는 사람을 범죄자로 몰아 가격을 억누르려 하겠지만, 그때마다 멈칫멈칫 약간의 조정을 거쳐 결국 다시 튀어 오를 것이다.

음악이 계속되는 한 춤을 춰야 한다고 하지 않았던가? 이제 막 음악이 시작되려 하고 있다. 어느 때보다 빠르고 신나는 음악이 연주될 것이다. '이 또한 언젠가는 멈추리라' 하면서 한 쪽 구석에서 심드렁한 표정으로 팔짱을 끼고 있어 봐야 인생에 무슨 도움이 되겠는가.

신나는 음악이 나오는 동안은 각자 제일 자신 있는 스텝으로 춤 추기 바란다. 그게 지루박이든 트위스트든 최신 유행하는 아이돌 댄스든 자신이 가장 잘 출 수 있는 것을 추면 된다. 요즘 유행하는 춤을 춰보겠다고 잘 알지도 못하는 남들 춤을 따라 하다 괜히 스텝이 꼬여서 넘어지지만 않으면 된다. 지금은 얼마든지 신나게 춤 출 타이밍인 것이다.

한 가지 명심할 점은, 음악을 튼 DJ가 본인 생각에 '클러버들의 흥분이 지나쳐 자칫 사고라도 발생할 수 있다'고 판단하면 언제든지 음악을 확 꺼버릴 수 있다는 점이다. 서서히 분위기가 고조되다 음악이 클라이맥스에 이르러 모두들 양팔을 높이 쳐들고 환호성을 지르다 보면 서서히 조용한 음악으로 바뀌며 흥분이 정리되는 게 아니다. 순식간에 음악이 멈출 수 있다. DJ의 손이 전원 코드를 확 뽑아버리려는 움직임이 보이면 바로 스텝을 멈출 준비를 하고 있어야만 한다. 나 역시 DJ를 예의주시하다가 이상한 낌새가 보이면 다시금 경고 메시지를 보낼 것이다.

문재인 · 트럼프 시대 폭등하는 부동산

오르는 부동산의 법칙

초판 1쇄 발행 2017년 8월 10일
6쇄 발행 2018년 9월 30일

지은이 조현철
펴낸이 전호림
책임편집 권병규
마케팅 박종욱 김혜원
영업 황기철

펴낸곳 매경출판㈜
등 록 2003년 4월 24일(No. 2-3759)
주 소 (04557) 서울시 중구 충무로 2 (필동1가) 매일경제 별관 2층 매경출판㈜
홈페이지 www.mkbook.co.kr **페이스북** facebook.com/maekyung1
전 화 02)2000-2631(기획편집) 02)2000-2636(마케팅) 02)2000-2606(구입 문의)
팩 스 02)2000-2609 **이메일** publish@mk.co.kr
인쇄·제본 ㈜M-print 031)8071-0961
ISBN 979-11-5542-709-5(03320)